혼 / 내 / 실 / 연

결혼했는데

왜 외로울까...

혼/내/실/연

덩후이원 지음 · 김새봄 옮김

시그마북스
Sigma Books

혼내 실연

발행일 2020년 2월 1일 초판 1쇄 발행
지은이 덩후이원
옮긴이 김새봄
발행인 강학경
발행처 시그마북스
마케팅 정제용
에디터 장민정, 최윤정
디자인 최희민, 김문배

등록번호 제10-965호
주소 서울특별시 영등포구 양평로 22길 21 선유도코오롱디지털타워 A402호
전자우편 sigmabooks@spress.co.kr
홈페이지 http://www.sigmabooks.co.kr
전화 (02) 2062-5288~9
팩시밀리 (02) 323-4197
ISBN 979-11-90257-20-6(03180)

이 도서의 국립중앙도서관 출판예정도서목록(CIP)은 서지정보유통지원시스템 홈페이지(http://seoji.nl.go.kr)와
국가자료공동목록시스템(http://www.nl.go.kr/kolisnet)에서 이용하실 수 있습니다.
(CIP제어번호: CIP2020001202)

* 시그마북스는 ㈜시그마프레스의 자매회사로 일반 단행본 전문 출판사입니다.

행복한 결혼생활에서 중요한 것은 서로 얼마나 잘 맞는가보다
다른 점을 어떻게 극복해나가는가다.

레프 톨스토이

차 례

결혼은 사랑의 무덤일까요?

젊을 때는 '결혼은 사랑의 무덤'이라는 말을 믿지 않습니다. 내 사랑은 결혼 후에도 영원할 것이고, 해피엔딩으로 끝날 것이라 생각하죠. 그러나 나이가 들면서 점차 깨닫게 됩니다. 의미만 다를 뿐 누구에게나 결혼은 사랑의 무덤이라는 사실을 말입니다. 즉, '체질이 허약한 사랑'은 결혼 후 얼마 지나지 않아 체력이 바닥나 요절합니다. 이 경우 결혼은 분명 사랑의 무덤입니다. 반면, 결혼하고 눈 감는 순간까지 장수하는 사랑도 있습니다. 그러면 결혼이 사랑의 무덤이 아닌 걸까요? 이 경우는 사랑이 결혼이라는 제도로 인해 요절하기는커녕 사람이 죽어도 사랑은 여전히 그 속에서 살아 숨 쉽니다. 그리고 산 사람이 오히려 무덤 속에 삽니다. 그러니 결국 이들에게도 결혼은 사랑의 무덤인 셈이죠.

아직 심장이 뛰는 쪽은 냉동고처럼 차가운 결혼생활 속에 갇혀 상대를 향해 손을 뻗어보지만 닿지 않고, 소리를 질러도 자신의 목소리만 메아리로 되돌아올 뿐입니다. 그 속에서 생명은 점점 식어가고, 외로움보다 더 무서운 상실감이 생깁니다.

저는 심리치료를 하면서 이런 수많은 여성을 만났습니다. 매우 고통스럽고, 답답하고, 불행해 보였습니다. 그들은 하나같이 자신의 불만이 합리적인지조차 확신하지 못했고, 무엇을 원하고 어떻게 해야 하는지 몰랐습니다. 오랜 시간이 지나서야 조심스럽게 입을 연 그들이 원하는 건 자신이 여전히 사랑이라는 감정을 느끼는 것이었습니다.

"사랑하기 위해 다른 사람을 찾으려는 게 아니에요. 그 사람이 나를 사랑해줬으면 좋겠어요" 하고 자신의 바람을 내비친 그들은 이내 두 손으로 얼굴을 감싸며 괴로워했습니다. "그 사람은 나를 원하지 않아요. 나는 어쩜 이렇게 아무짝에도 쓸모가 없을까요……."

혼내 실연

사랑 없는 결혼생활을 하고 있는 기혼여성에게는 보기만 해도 눈이 시릴 글자가 있습니다. 바로 연애戀愛 할 때의 '연戀' 자입니다. 이 속에는 마음 심心과 말 언言 자가 들어있습니다. 마음, 말, 그리고 호감이 똘똘 뭉쳐

져 사랑을 이룹니다. 그러나 사랑 없는 결혼생활을 하는 기혼여성과 남편이라는 작자 사이에는 말도 없어진 지 오래고 마음도 느껴지지 않습니다.

사랑하고 있을 때 우리는 그 감정을 분명히 느낍니다. 그렇다면 사랑을 잃었을 때도 그 사실을 인지하고 있을 겁니다.

이때 만약 미혼 상태라면 명확히 판단이 섭니다. 상대가 나를 찾지 않고, 은근히 혹은 대놓고 만남을 거절하고, 신체 접촉을 피하면 이다음 어떻게 해야 할지 아는 거죠.

그런데 만약 그런 행동을 하는 상대가 내 남편이라면, 판단이 훨씬 더 복잡해집니다. 누군가 내 귓가에 '부부란 원래 그런 거야', '사랑이 뜨겁지 않다고 결혼생활에 문제가 있는 건 아냐' 하고 속삭이는 것만 같습니다. 그러니 속상해서도 안 될 것 같습니다.

당신이 생각하기에 정말 문제가 없다면, 그렇다면 괜찮습니다.

하지만 한편으로는 괜찮다고 자신을 다독이면서, 다른 한편으로는 상대방을 압박하고, 한에 사무쳐 그의 변화를 기대하는 등 본인의 겉과 속, 말과 행동이 다르다면 당신은 지금 문제를 피하는 게 아니라 키우고 있는 겁니다.

더 이상 '이런 결혼생활이 정상인지 아닌지' 물을 필요도 없습니다. 그 누구도 당신을 대신해 '무엇이 정상적인 결혼생활'인지 정의 내려줄 수 없습니다. 결혼생활이라는 게 불이 켜지면 정상이고, 불이 안 들어오면 내다 버려야 하는 전구 같은 것도 아닙니다. 그보다 결혼생활은 마치 라면과 같습니다. 흠잡을 데 없이 환상적인 맛의 라면부터 입 밖으로 뿜을 만큼 맛없는 라면까지 스펙트럼이 넓죠. 당신은 최악이라고 생각하는 결혼생활을 누군가는 그 정도면 천국이라고 말할 수도 있습니다. 누군가는 불균형한 가사 분담이 심각한 문제라고 생각하지만 어떤 이는 부부관계나 대화가 없어도, 심지어 한쪽이 바람을 피워도 가끔씩 집에 들어오기라도 하면 정상이라고 생각하기도 합니다.

우리 개개인이 개성을 가지고 있듯이 결혼생활에도 개성이 존재합니다. 따라서 어떤 게 정상적인 결혼생활이라고 단정 지을 수도, 지을 필요도 없습니다. 그러나 당신이 행복하지 않고, 더 나아가 고통스럽다면, 이는 분명 주의를 기울이고 짚고 넘어가야 하는 문제입니다. '어쨌건 그 사람은 내 남편이야'라고 생각하고 있다면, 일단 그 눈속임에서 벗어나세요. 솔로이던 때처럼 본인이 느끼는 그대로 문제를 마주하면 현실이 바로 보일 겁니다. 당신은 실연당했습니다. 이제, 젊은 시절 연애 과정에서 실연을 통해 성장했듯이 그때로 돌아가 다시 시작해보세요. 실연당한 기혼자의 경우에는 아직 실연의 대상과 함께 거주하고, 함께 자녀를 양육하며, 법률상 부부라는 여러 관계로 맺어져 있기 때문에 솔로일 때보다 문제 해결이 훨씬 복잡하고 까다로운 게 사실입니다. 하지만 모든 것

은 '실연'이라는 본질을 마주하는 것에서부터 다시 시작해야 합니다. 그
래야만 개선의 여지가 있습니다.

자신의 감정을 말하고, 실질적으로 의미 있는 행동을 하세요. 사랑
없는 결혼생활 속에서 허우적거리지 마세요.

웨딩드레스를 입던 그날, 이제 실연 따위는 나와 무관할 줄 알았다.

나는 생존력을 기르는 데 소홀했다. 그러다 보니 실연당한 사실조차 모
르는 지경에 이르렀다.

나의 나태함을 인정하고 반성한다. 그러나 내가 과거에 한 모든 행동을
있는 그대로 받아들일 것이다.

나는 결혼생활 중 남편으로부터 실연당했다.

나는 이제 무의미하게 뒤쫓는 일을 멈추고, 나의 가치를 되찾을 것이다.

1장

/

당신의 결혼생활은
안녕하신가요?

어쩌면 좋죠, 이 관계가 정상일까요? 우리 부부는 함께 회사를 운영하고 있어요. 사람들은 우리가 24시간 내내 붙어있는 줄 알죠. 웬걸요, 실은 회의 때 빼고는 얼굴도 못 봐요. 가끔 점심시간에 엘리베이터에서 마주칠 때 같이 밥이라도 먹을까 물으면 그 사람은 망설이지도 않고 답해요. "아니, 싫어." 그리고 정색하면서 지하주차장으로 가서 차를 타고 나가버리죠. 뒤도 한 번 돌아보지 않아요. 얼마 전에는 오드콜로뉴 향수를 뿌렸길래 웬일인지 궁금해서 물었어요. "오늘 무슨 일 있어? 누구 만나?" 하고 말이에요. 그러자 혐오하는 듯한 표정으로 노려보면서 "뭔 상관이야?"라고 말하더군요. 선생님, 대답 좀 해주세요. 이게 정상인가요?

– 천 부인의 상담 내용 중

위 사연을 보면서 어떤 생각이 드나요?

이 둘이 연인이라면, 대부분은 '파탄 난 관계'로 볼 겁니다. 그런데 아이러니하게도 부부라고 하면 이야기가 달라집니다. 이때부터 이 둘 사이에 문제가 있다고 보는 게 맞는지 헷갈립니다. 천 부인도 매우 강조하더군요. "사실 내가 어디 가는지 캐묻지만 않으면 그 사람도 그냥 평범한 남편이에요. 매일같이 퇴근하면 곧장 귀가하고, 쉬는 날에는 아이들을 데리고 놀러도 가죠. 아침에 선식을 만들면 내게도 한 잔 건네주고요. 집안일이나 가족에게 필요한 돈을 쓸 때도 인색하게 군 적이 없어요. 원래 부부는 다 이런 것 아닌가요?"

부인은 남편과의 관계를 걱정하면서도 한편으로는 그게 정상 아니냐며 계속 되물었죠. 그야말로 당혹감과 무력감에 빠진 상태더군요. 이 관계를 정상으로 봐야 할까요, 비정상으로 봐야 할까요? 수차례의 상담 끝에 그녀는 자신이 느끼는 당혹감을 어떻게 정의 내릴지 정했습니다.

나는 이런 상태가 싫어요. 여편네라고 불릴 때마다 내가 아줌마라는 사실을 굳이 한 번 더 상기시켜주는 느낌이에요. 내가 그렇게 아줌마 같나요? 그런데 지금보다 더 많은 걸 원하면 남편이 더 화내고 날 냉대할 것 같아요. 그나마 지금 누리는 것들까지 잃을지도 몰라요.

그녀는 낙담했고, 외로웠습니다. 남편이 절대 넘으면 안 되는 선을 그어두고 침범하지 못하게 하는 것 같았습니다. 어디에 가는지, 무슨 생각을 하는지 더 물었다가는 그 선을 밟아서 큰일이라도 날 것 같았습니다.

친구는 그녀가 예민한 것 같다고 했습니다. "선은 무슨 선이야. 그냥 모르는 척하고 살갑게 다가가 봐. 괜찮아질 거야." 그래서 얼굴에 두껍게 철판을 깔고 같이 밥을 먹자고, 출장을 가자고 이야기해봤습니다. 하지만 칼같이 거절당했습니다. 남편은 잡아먹을 듯이 쏘아보며 말했습니다. "숨 좀 쉬자, 구속하지 말라고!" 이런 반응이 돌아올 때면 그녀는 꿀 먹은 벙어리가 될 수밖에 없었고, 더 이상 어떻게 할 수 없었습니다.

부부들은 저마다 사는 방식이 다르지만, 자신과 평생 함께할 사람을 숨 막히는 방식으로 구속해서는 안 됩니다. 남편은 아내에게 자신만의 공간이 필요하다고 말할 수 있고, 어쩌면 혼자 밥 먹을 시간이 필요할지도 모릅니다. 아내와 하루 종일 함께 있고 싶지는 않을 수도 있습니다. 그런데 천 부인의 남편은 왜 꼭 그렇게 표현해야만 했을까요? 그의 반응으로 봐서는 마치 부인이 선을 밟아서 감전이라도 당한 것 같았습니다.

가까운 사람끼리는 절대 이렇게 말해서는 안 됩니다.

두 사람의 관계는 어쩌다 이렇게 되었을까요? 그녀가 지나치게 침범하는 건지, 상대가 과하게 방어하는 건지 알 길은 없습니다. 또한 부부에게 맞는 의사소통 방식을 찾지 못한 상태에서는 소통을 하려는 그 어떤 시도도 상대방에게는 시비, 억압, 공격으로 느껴질 뿐입니다. 그러면 상대방이 그어놓은 선 밖에 조용히 서있을 수밖에 없습니다. 하지만 선 밖에서는 친밀감을 느낄 수 없고, 자신의 인내심도 서서히 바닥을 드러낼 겁니다. 결국에는 상대방이 무슨 말을 해도 비꼬아 생각하게 되고, 어떤 일을 해도 불쾌하고 거슬립니다. 그 지경에 이르면 자신도 상대방을 부정적으로 대했고, 자신에게도 잘못이 있다는 사실을 알지만 고치지 못합니다. 시간이 흐르면서 둘의 관계는 더 이상 누가 누구를 거부하고 냉대하는 건지 알 수 없게 됩니다.

그녀는 스스로 반성해보기도 했습니다(만약 문제가 그녀에게 있다면 개선의 여지가 있겠죠). "내 목소리가 커서 그런 건 아닐까 생각해봤어요. 그래서 점점 더 나를 상대하기 싫어한 것 같아요……." 정말 그럴까요? 그러면 당신은 왜 남편에게 큰 소리로 말하게 되었나요? 시간을 거슬러 생각해보면, 당혹감에 빠지게 됩니다. "내 말에 귀 기울이지 않고 좋게 대해주지 않다 보니 목소리가 점점 커졌어요." 그렇다면 지금 그의 태도가 당신의 목소리 때문에 그렇게 된 건 아닙니다. 이처럼 두 사람 사이에 '어쩌다 단단한 마음의 벽이 생겼는지' 파악하는 일은 기억을 더듬어 추적하기에는 한계가 있습니다. 결혼생활 문제를 계속 이런 식으로 생각해서는 점점 더 혼돈의 늪에만 빠지게 됩니다.

이런 혼란 속에서 확실한 건 그녀 자신의 감정뿐입니다. 그녀는 마치 실연당한 여자처럼 남자가 이미 자신을 멀리하고 있다는 걸 분명히 알면서도 담담하게 현실을 받아들이지 못했습니다.

결혼생활 중 남편의 변한 태도 때문에 상담을 청하는 이들은 다음과 같은 말들을 듣고 있었습니다.

"나는 남편으로서 할 도리는 다 했어. 내겐 자유를 누릴 권리가 있다고!
당신이 무슨 자격으로 참견해?"
"나랑 당신은 가족 그 이상도 그 이하도 아니야."
"당신이랑 말도 통하지 않을뿐더러 말하고 싶지도 않아."
"나도 이제 하고 싶은 대로 하고 살고 싶어."

문제의 본질을 직시하지 않으면 남편의 이런 뻔뻔한 말에 힘없는 종잇장처럼 꼬깃꼬깃 구겨지고, 심지어는 그 말이 틀린 것도 아니라고 생각하게 됩니다. 정말 남편 말에 일리가 있다고 생각하나요? 그렇다면 당신은 당혹스럽지 않아야 합니다. 하지만 만약 지금 당혹감에 빠져있다면, 그 이유는 분명 남편의 말이 합리적이지 않기 때문입니다. 그 말들이 가슴을 깊숙이 찔러 '당신 말은 잘못됐어!'라는 말조차 새어 나오지 못하는 거죠. 남편이 서슴없이 그런 말을 내뱉으면서 양심의 가책도 느끼지 않을수록 아내는 마치 최면에 걸린 듯이 스스로를 반성하게 됩니다. '내가 뭔가 잘못한 게 분명해' 하고 말이죠.

남편의 말이 왜 잘못되었는지 따지지 못하니 아내는 흥정하듯이 매달리게 됩니다. "나와 함께 시간을 보내면 안 될까?" 그래도 안 통하면 급기야 혼인의 권리와 의무를 따집니다. "난 당신 아내야. 남편이 어디 가는지 알면 안 돼?", "왜 나를 데려가지 못하는지 이유라도 알면 안 되겠어?" 이렇게 말하면 남편의 콧방귀만 돌아옵니다. "마누라한테 어디 가는지 다 보고해야 한다는 법이라도 있어?"

여자의 말은 아무런 효력도 발휘하지 못한 채 더 큰 모욕감과 무기력감만 불러옵니다. 정작 하고 싶은 말은 따로 있지만 입이 떨어지지 않습니다. "당신과 함께 있고 싶어", "당신의 거부가 당황스러워", "왜 그렇게 나를 싫어하는지 알고 싶어", "계속 이렇게 살 수는 없어"라고 말하며 대화를 이어나가고 싶지만, 괜히 더 건드렸다가 남편이 그어놓은 선을 넘을까 봐, 그를 더 화나게 할까 봐, 이혼 이야기를 꺼낼 빌미를 제공할까 봐, 더 이상 사랑하지 않는다는 말을 듣게 될까 봐 두려워 여자는 더 이상 아무 말도 하지 못합니다.

이혼하자는 말과 사랑하지 않는다는 말이 뭐가 그리 두려워 여자를 입도 뻥긋 못하게 만들까요? 그건 바로 사랑 없는 결혼생활은 고통스럽지만, 결혼생활이 깨지면 더 큰 타격을 받기 때문입니다. 이는 남편으로부터 실연당한 기혼여성의 보편적인 심리 상태입니다.

'결혼'과 '사랑'을 따로 나눌 수 있을까요? 사람들은 보통 응당 그둘이 하나라고 생각합니다. 그러나 결혼생활을 오래한 사람은 대부분 그 둘이 함께였다가 따로가 되기도 한다는 사실을 잘 압니다. 즉, 어떤 때는 결혼과 사랑이 완벽한 팀워크를 이루는 환상의 짝꿍이었다가 또 어떤 때는 앙꼬 없는 찐빵처럼 사랑은 없고 가족관계만 남는 거죠. 아마 사랑을 위해 결혼을 포기하라고 하면 상당수는 그대로 '사랑 없는 결혼생활'을 유지하는 쪽을 택할 겁니다. 왜냐하면 결혼의 가치와 중요도를 높게 생각할 뿐만 아니라, 결혼을 매개로 안정적인 보금자리가 주어지기 때문입니다. 이런 것들은 허공에 흩날리는 연애로는 충족시킬 수 없는 것들입니다.

하지만 남은 인생을 사랑 없는 결혼생활로 산송장처럼 사는 것은 자멸 행위입니다.

내 인생이 상대방에 의해 결정되는 게 과연 맞는 걸까요? 상황을 역전시킬 방법이 없을까요?

이 책은 '권태기에 빠져 철벽 방어하는 애인의 마음을 되돌려놓는 법' 따위는 논하지 않습니다. 그보다는 어떻게 '나'를 살릴지, 어떻게 〈요로나의 저주(남자로부터 버림받은 후 밤마다 아이들을 찾아다니며 우는 여인, 요로나의 괴담을 바탕으로 만들어진 영화-옮긴이)〉에서 벗어날 것인지에 관심을 기울여야 합니다. 기혼여성들은 책에서 '변심한 남편의 마음을 되돌리는 방법'만 찾고 싶어 합니다. 결혼 전 연애 서적을 볼 때와는 달리 자신을 탐색하거나 바꾸는 데는 조금도 관심이 없습니다. 이게 바로 문제입니다. 실연당한 기혼여성들은 허공에 주먹질하듯이 항상 '상대방을 바꿀' 생각만 합니다. 하지만 자신을 똑바로 들여다보고, 스스로의 생명력을 되찾지 않은 채 마음이 식은 상대방을 바꾸기는 정말 힘듭니다.

스스로에게 진지하게 질문을 던져봅시다. '결혼과 실연, 어떻게 된 일이지? 내게 무슨 일이 생긴 거지?' 하고 말입니다.

결혼 전에는 사랑이 식은 것 같으면 이별이라는 대안을 고려하기도 합니다. 하지만 혼인관계에서는 앞서 말했듯이 그 관계를 쉽사리 깨뜨리지도 못하고, 깨뜨리고 싶어 하지도 않습니다. 결혼으로 맺어진 파트너십을 잃고 싶지 않기 때문입니다. 결국 자신의 입장에서만 생각하기 힘들고, 실연당했을 때 흔히 쓰는 방법을 사용하기도 어렵습니다. 예를 들어볼까요? 연애를 하다가 실연당하면 기분 전환 삼아 해외 여행을 다녀오는 방법이 있는데, 기혼자는 그러기가 쉽지 않습니다. 기혼여성이 혼자 출국했을 때 이상한 시선으로 쳐다보는 사람들도 문제지만, 선을 그어두고 아는 체도 하지 않던 남편이 그 기회를 틈타 흠을 잡을 수도 있습니다. "당신은 가정을 돌보지 않는 사람이야", "결혼생활에 문제를 일으킨 건 당신이라고", "애당초 무슨 자격으로 나한테 이것저것 요구해?" 하고 말이죠. 이처럼 미혼일 때 실연당한 사람이 흔히 쓰는 방법은 전혀 도움이 되지 않습니다. 그렇다면 더 좋은 사람이 나타날 것이라고 믿는 방법은 어떨까요? 실연당한 사람들에게 큰 위로가 되는 이 방법도 기혼자에게는 얼토당토않은 소리에 불과합니다. 혼인관계를 깨뜨리고 싶어 하지 않는 사람에게 다른 사람이라뇨. 외도가 아닌 이상 말이죠. 설령 외도를 한다고 해도, 그 여파는 누가 감당할까요? 따라서 이 또한 적절한 방법이 아닙니다. 또 다른 방법으로 '내려놓기'가 있습니다. 어떤 이는 실연당한 사람에게 상대방의 선택을 존중하라고 다독입니다. "어차피 잘 맞지 않으면 굳이 함께 있자고 강요할 필요도 없어", "그냥 좋게 놔줘, 상대방이 잘 되길 빌어야 나도 잘 되는 거야"라고 말하는 거죠. 하지만 실연당한 기혼여성에게 그런 쿨한 결단을 기대하긴 어렵습니다. 생각해 봅시다. 남자는 당신에게 사랑을 주지 않고 존재를 거부하면서도, 매일같이 당신의 희생으로 이룬 것들을 여전히 누리고 있습니다. 당신 역시 마찬가지로 그가 일군 것에 상당 부분 의존하고 있습니다. 이미 일종의 공동생활체인 거죠. 이처럼 딱 잘라서 정산할 수 없는 의존 및 공존 관계에서는 일방적으로 한쪽의 선택을 존중하기가 어렵습니다. 나 자신의 선택도 상대방으로부터 존중받지 못하기 때문이죠. 내발이 묶여있는 상태에서 그는 마음대로 가고 싶은 곳을 가고, 나에게는 어디 가는지 알려주지도 않는다면 어떻게 그의 선택을 존중할 수 있을까요?

이처럼 과거에 연애할 때 사용하던 방법들은 전부 무용지물이 됩니다. 결국 결혼생활 중 실연당한 기혼여성은 절망에 빠지게 되고, 희망이 없으니 우울하고 생기를 잃습니다. 이때 여자에게는 세 가지 변화가 나타납니다. 첫째, 인상이 변합니다. 자신도 모르게 얼굴 근육이 아래로 축 처지고, 표정은 넋이 나간 듯 멍하고 활기가 없어지는 겁니다. 둘째, 눈빛이 섬뜩해집니다. 마치 누군가라도 나타나 대신 보상해주길 기다리는 것처럼 눈빛이 외롭고 굶주린 듯 보여 쳐다만 봐도 무섭습니다. 셋째, 건드리면 폭발합니다. 사소한 일에도 불공평하다고 느끼고, 그것을 참지 못하며, 마치 너무 흔들어서 터지기 직전인 음료 캔을 따버린 듯이 분노를 폭발시킵니다. 여자의 이런 변화는 그토록 기다리던 남편뿐만 아니라 다른 가족마저 점점 더 멀어지게 합니다. 그럴수록 여자는 더 외로워지고, 앞서 말한 세 가지 현상이 심각해져 악순환에 빠집니다. 종국에는 자기 자신조차 알 수 없는 지경에 이르죠.

이상은 가장 흔히 나타나는 증상 중 일부에 불과합니다. 더 심각한 경우, 적지 않은 여성들이 극심한 스트레스와 은밀한 공격을 견디다 못해, 또 부정적인 영향으로부터 스스로를 보호하던 자기애를 상실해 정신적·육체적으로 고통을 겪기도 합니다. 결혼생활 중 실연당한 느낌은 한 사람의 몸과 마음을 피폐하게 만듦으로 가벼이 여겨서도 안 되고, 반드시 출구를 찾아야 합니다. 사실 전문 심리상담사라 할지라도 이런 문제에 있어서는 종종 속수무책이 되곤 합니다. 사례별로 어떤 이야기를 해줘야 할지 모르는 거죠. 이런 문제로 마음고생을 한 여성이 명망 높은 상담사를 찾아갔다가 "그쪽은 제 전공 분야가 아니라서요"라는 변명과 함께 상담을 거절당했다는 이야기를 들은 게 한두 번이 아닙니다. 그만큼 실연당한 기혼여성의 절망감과 무력감이 무겁다고 말할 수밖에 없을 겁니다.

2장

/

열심히 살았을 뿐인데,
사랑을 잃었습니다

무의식중에 쌓이는
불만을 경계하세요

많은 부부가 "어쩌다 사랑이 사라졌는지 모르겠어요"라고 말합니다. 언뜻 들으면 그럴 수 있을 것 같기도 하지만, 곰곰이 생각해봅시다. 여기서 '모르겠다'는 건 정말 알 수 없다는 의미일까요? 혹은 알고 싶지 않았던 건 아닐까요?

상담 경험에 비추어보면, 더 이상의 소통이 불가능해 보였던 부부도 상담사가 그들의 심리적 안정감을 유지시키며 소통을 이어나갈 수 있도록 도와주면, 부부가 지금껏 놓쳤거나 피했거나 직시하지 못한 핵심 문제를 바로 볼 수 있습니다.

◀ 후이잉의 사례 ▶

저는 독립심이 강한 편이에요. 그건 결혼 후에도 마찬가지고요. 옛날 방식으로 가사를 분담하며 살고 싶진 않아요. 남편 청팡도 그 부분에 동의했고요. 우리 부부는 어느 정도 지식, 능력도 갖추었고, 전통적인 역할 따위에 얽매여 살진 않아요. 의식주는 그때그때 상황에 맞춰 해결하고요.

이상적으로 보이는 이 부부는 10년 후 어떻게 되었을까요? 두 사람 사이에 말수는 줄어들고 거리는 점점 멀어졌습니다. 남편은 적극적으로 대화를 나누지 않았고 부부관계도 갖지 않았습니다. 후이잉은 우연히 남편이 친구와 하는 이야기를 들었습니다. "결혼하지 않았으면 좀 더 나은 인생을 살았을지도 몰라."

왜 이렇게 된 걸까요?

후이잉은 이런 변화가 '어쩔 수 없는 것'이라고 했습니다. 시간이 흐른 만큼 서로 감정적으로 지쳤을 뿐 크게 문제 되지 않는다는 겁니다. 그러면서도 그녀는 여러 번 친구 이야기를 했습니다. "그런데 신기하게 제 친구는 결혼한 지 오래되었는데도 아직 잘 살아요."

상담 초반에 청팡은 후이잉이 한 마디씩 할 때마다 가볍게 고개를 끄덕이는 것 외에는 별 말이 없었습니다. 몇 차례 상담을 거친 후 심리상담사가 그 부분에 주목하고, 부부에게 청팡의 침묵이 무엇을 의미하는지 함께 생각해보자고 권유했습니다.

후이잉: 남편은 원래 그래요. 무슨 의미가 있어 보이진 않아요.

상담사: 둘이 있을 때도 항상 이런가요? 평소에도 지금처럼 남편의 목소리를 듣기 힘든가요?

후이잉은 머리로 남편을 가리키며 말했습니다. "하고 싶은 말이 있으면 그냥 알아서 하면 되는 거 아닌가요?"

청팡: 제가 무슨 말을 해야 하죠?

후이잉: 보세요. 이 사람은 아무 생각이 없어요.

상담사: 남편분은 지금 주제에 관해서는 하고 싶은 말이 없는 것 같네요. 혹시 주제를 바꾼다면 하고 싶은 말이 있을까요?

후이잉은 엉덩이를 뒤로 쭉 빼며 의자 깊숙이 앉으면서 어깨를 들썩여 보였습니다. 그리고는 상담사와 함께 가만히 기다렸습니다.

청팡: ……지금 저보고 주제를 정하라는 건가요? 솔직히 말해서, 결혼 생활에 대한 이야기에는 별로 관심이 없어요.

상담사: 그게 결혼생활 외에 신경 쓰는 일이 생겼다는 걸 의미하나요?

청팡: 그렇지도 않아요. 제가 뭘 신경 쓰는지 생각하면서 사는 편도 아니에요.

후이잉: 이 사람도 저처럼 각자 자기 할 일을 잘하자는 주의예요. 상대방을 귀찮게 하는 것도 싫어해요.

청팡은 말을 잇지 않았고, 이번에는 고개도 끄덕이지 않았습니다.

상담사: 남편분도 동의하시나요?

청팡: ……예전에는 그랬죠.

후이잉은 다소 의아하다는 표정으로 남편을 쳐다보며 말했습니다. "그러면 지금은 그렇지 않다는 거야?"

청팡: 예전에는 정말로, 뭐랄까, 자유롭게 사는 게 맞다고 생각했어요. 그런데 최근에 문득 부모님 생각이 자주 나요. 이제 너무 연로하셨고, 지난 10여 년간 너무 못 찾아뵌 것 같아요.

상담사: 그래서 마음이 무거우세요?

청팡: 더 자주 찾아뵀으면 부모님도 지금보다는 좀 더 건강하고 제 마음도 덜 무겁지 않았을까 생각해봤어요.

후이잉: 그런 이야기 처음 들어.

청팡: 말할 게 뭐 있어. 당신 우리 부모님 집에 가는 것 좋아하지도 않잖아.

후이잉: 무슨 의미야? 그러니까 내가 당신 부모님 집에 가는 걸 좋아하지 않아서 당신이 부모님을 못 찾아뵌 거고, 지금 후회되는 게 나 때문이라는 거야?

후이잉은 마치 공격을 당한 듯이 흥분했습니다. "난 한 번도 부모님 뵈러 못 가게 한 적 없어. 당신이 가고 싶으면 가는 거지, 왜 이제 와서 자기 죄책감을 나한테 떠넘기는 거야?"

청팡: 당신이 뭘 잘못했다고 생각하지 않아. 죄책감을 누구한테 떠넘길 생

각도 없고, 난 그저 부모님을 생각하면 마음이 무겁다고 말한 것뿐이야.

청팡은 후이잉과 달리 흥분하지 않았습니다. 하지만 그런 의도적인 차분한 말투가 후이잉을 더 괴롭게 했습니다.

이상은 이들 부부가 가진 많은 문제 중 하나에 불과합니다. 평소 두 사람의 소통 방식으로 보아 후이잉은 남편의 심경 변화를 알 수 없었을 겁니다.

사랑이란 감정은 아주 정교하고 부서지기 쉽습니다. 꼭 두 사람이 무언가 잘못해서 깨지거나 사라지는 게 아닙니다. 인간의 심리는 복잡하고, 본인조차 예측할 수 없습니다. 청팡도 마찬가지입니다. 후이잉의 방식에 동의했기에 수년간 그렇게 살아왔지만 어느 순간부터 연로하신 부모님을 보고 마음이 무거워진 거죠. 머리로는 후이잉에게 불만이 없다고 생각하면서도 죄책감에 빠져있다 보니 자연스레 마음이 멀어진 겁니다. 후이잉에게 속마음을 털어놓거나 거리를 좁히기 위한 노력도 하지 않은 채 시간을 흘려보낸 겁니다.

청팡은 자신의 마음속을 깊게 들여다보며 한 가지 사실을 깨달았습니다. 아내가 받아들이기 힘든 요구를 자신이 원했다는 겁니다. 즉, 아내가 자신과 함께 부모님에게 효도하길 바란 거죠. 그의 의식은 아내에게 좋아하지 않는 일을 강요하지 말라고 말하고 있지만, 무의식중에 불만이 쌓인 겁니다. 그러다가 생각보다 빨리 부모님이 연로해지시자 죄책감, 상실감 따위의 감정이 이성을 집어삼켰습니다. 수면 아래 밧줄로 꽁꽁 묶어둔 불만이 모습을 드러낸 거죠. 그리고 그 불만은 알 듯 모를 듯 부부관계에 공격을 가했습니다. 무관심과 거리 두기는 그가 할 수 있는 가장 온화한 방식의 복수였습니다. 만약 그가 자신의 심리적 모순점을 깨닫지 못하고 그대로 넘어갔다면 어떤 더 파괴적인 행위가 나타나 둘의 관계를 망가뜨렸을지 모를 일입니다.

후이잉의 입장에서는 자신은 절대 잘못한 일이 없다고 생각했을 겁니다. 지금껏 결혼생활은 서로 간의 합의에 의해 이루어져왔고, 남편은 불만이나 요구 사항을 표현한 적이 없었습니다. 그런데 본인의 심경에 변화가 생겼다고 갑자기 거리를 두다니요?

머리로는 결혼생활을 어떻게 해야 할지 안다고 해도, 반드시 결혼생활에 만족할 수 있는 건 아닙니다. 그저 하루하루를 열심히 살다 보면 무의식중에 실망과 불만이 쌓이는 줄도 모를 수 있습니다. 또한 살다 보면 어느 순간 심경에 변화가 생길 수도 있습니다. 이 모든 것은 한때 뜨거웠던 한 사람의 마음을 식히기에 충분합니다. 이처럼 인간의 복잡한 심경 변화가 저마다의 특수한 삶과 한데 엉키면서 지극히 간소화된 '결혼생활 매뉴얼'로는 대처할 수 없게 됩니다.

그러므로 부부관계가 소원해지거나 악화되었을 때, 누구에게 책임이 있는지 추궁하는 일은 기력 낭비일 뿐입니다. 우리가 할 수 있는 일은 방어 및 부정하는 습관에서 벗어나 현실을 직시하는 겁니다. 냉정히 관찰해보세요. '우리 부부에게 무슨 일이 일어난 걸까?' 하고 말이에요. 나 자신을 이해하면서 상대방의 마음도 헤아려보세요. 지금껏 당신이 이성적으로, 의식적으로 알던 모든 옳고 그름은 이제 아무 쓸모가 없습니다. 당신 자신과 상대방을 모두 다시 들여다볼 필요가 있습니다.

지나친 희생은
스스로를 극한으로 몰아넣어요

◀ 신루의 사례 ▶

왜 그렇게 날 차갑게 대하는지 모르겠어요. 내가 아내로서 100점은 아니어도 95점 이상은 된다고 생각해요. 결혼한 그 순간부터 먼지 한 톨 없이 집 안을 깨끗이 쓸고 닦았고요, 계절이 바뀔 때마다 집 구조도 화사하게 바꿨어요. 우리 집은 얼마나 쾌적한지 몰라요. 소파 덮개며 침대보, 식탁보까지 전부 제 손으로 다려요. 베란다에 화초도 싱그럽게 가꾸고, 아이들도 밝고 건강하게 키웠어요. 삼시 세끼도 제 손으로 직접 차려요. 식재료는 유기농장에서 생산한 최고급으로 공수해오고요, 과일도 신선한 것만 상에 올려요. 중간중간 책 보고 수업 들으면서 요리 솜씨도 갈고닦아요. 매일 점심에는 도시락 싸서 남편 회사랑 두 아이 학교에 배달하고 오고요……

내가 이렇게 많은 일을 했는데, 왜 그 사람은 만족하지 못하는 걸까요? 이해할 수 없어요.

신루의 고민을 듣고 있자니 참으로 괴롭습니다. 그녀는 가족을 위해 무수한 시간을 바쳤고, 자신의 인생을 살아본 적이 없을 정도로 희생했습니다. 그런데도 남편은 만족할 줄 모른다니, 이처럼 부당한 경우가 또 있을까요.

그런데 남편은 이 모든 것을 어떻게 바라보고 있었을까요?

남편은 신루가 도대체 불만이 뭔지 계속 따져 묻자 마지못해 입을 열었습니다. "정말 알고 싶다면 대답할 수는 있어. 그런데 지금까진 한 번도 말할 기회를 주지 않았잖아." 상담사의 설득 끝에 남편은 대답했습니다. "그래 맞아, 당신은 정말 많은 일을 했어. 나도 감사하게 생각해. 그런데 집에 오면 당신은 항상 혼자 바빴어. 내가 당신을 보고 있을 때, 당신 눈은 다른 곳에 가 있었어. 아는지 모르겠지만, 당신을 보면 항상 쫓기는 것 같고 말투도 조급해. 하나라도 뜻대로 되지 않으면 당신은 아등바등 바로잡으려고 했지. 나와 아이들은 당신이 그려놓은 그림 속에서 살아야 했어. 당신이 밥을 차리면 우리는 얼른 상 앞에 와서 앉고, 즐겁게 먹어야 했어. 조금이라도 먹는 속도가 느려지거나 손을 대지 않는 음식이 있으면 당신은 서둘러 다른 걸 해줄까 물었지. 너무 오랫동안 이런 이야기를 할 기회가 없었어……."

신루는 할 말을 잃었습니다. 그녀는 남편의 그런 말들이 불공평하다고 생각하면서도 부정할 수 없었습니다. 그녀가 자신을 희생해가면서 가정을 위해 많은 일을 한 것은 사실이지만, 그로 인한 스트레스를 남편이 감내해야 했던 것도 사실이었습니다. 신루는 가족을 위해 지나친 희생을 했지만 자기 자신을 돌아볼 겨를은 없었습니다. 그녀가 남편에게 준 선물 상자 속에는 최고의 내조와 함께 피곤에 찌든 아내, 그녀의 스트레스가 담겨있었습니다.

남편은 신루가 웃는 모습을 거의 보지 못했습니다. 신루 역시 남편을 그렇게 챙기면서도 정작 그가 웃고 있는지는 신경 쓰지 않았죠.

남편의 말을 계기로 그녀는 지난날을 되돌아봤습니다. 생각해보니 그녀는 어느 순간부터 제대로 남편의 얼굴을 들여다보거나 눈을 마주친 적이 없었습니다. 항상 가정을 위해 수많은 일을 한 후 그에 대한 반응만 기다렸습니다. 자기를 인정해주고, 감사히 여겨주길 바란 거죠. 그런데 남편으로부터 아무런 반응이 돌아오지 않았고, 그때마다 누군가 그녀의 귓가에 소곤거렸습니다. '그렇게 해서 뭐해, 고맙게 생각하는 사람은 하나도 없는걸!' 그러다 보니 어느 순간부터 일만 하고 남편이 어떤 표정을 짓고 있는지는 들여다보지 않았습니다.

두 사람은 서로 다른 해석을 했고, 자신은 잘못한 게 없다고 생각했습니다. 하지만 둘의 관계는 멀어졌고, 사랑이 식은 것만은 분명했습니다.

신루가 물었습니다. "그러면 내가 지금부터라도 여유를 가지면 나한테 잘한다는 거야?"

남편은 마지못해 대답했습니다. "몰라. 어떤 감정은 한 번 사라지면 되돌릴 수 없어. 말 그대로 그냥 사라지는 거지. 나도 그걸 어떻게 되돌릴 수 있을지 모르겠어."

지나치게 자신을 희생하는 사람들은 보통 책임감이 강하고 완벽을 추구합니다. 상대방에게 좋은 것만 주고 싶어 하죠. 하지만 정작 상대방도 좋은 사람이 되고 싶고, 사랑받고 싶어 한다는 사실은 놓칩니다. 사람은 스스로를 극한으로 몰아넣다가 감당하기 힘든 지경에 이르면 웃음과 행복을 잃습니다. 그 상태에서 상대방에게 아무리 성대한 상을 차려준들 상대방은 '사랑받고 있다는 느낌'을 받기 힘듭니다. 사랑은 고사하고 자신이 매우 성가신 존재라고 생각할 수도 있습니다.

남편이 철이 덜 들었다고 말하는 독자도 있을지 모르겠습니다. 다 남편을 위해 한 일인데 감사할 줄도 모른다고요? 사랑하지 않으면 여자가 그렇게 희생했겠냐고요?

안타깝지만 세상 일이 다 그렇습니다. 생각해보세요. 누군가로부터 도움을 받는다고 해서 항상 유쾌하기만 하셨나요? 그중에는 '다 내가 했고, 넌 한 게 없어. 그러니 감사한 줄 알아'라는 의미가 내포된 듯한 압박을 주는 도움도 있지 않았나요? 누구나 부모님과의 관계에서 이런 경험이 한 번쯤은 있었을 겁니다.

여성은 아내, 엄마라는 역할이 부여되면 '아내, 엄마는 반드시 어떻게 해야 된다'는 고정관념에 얽매이기 쉽습니다. 자아도, 대가도 없는 희생을 하다 보면 어느 순간 히스테리적이고 빡빡한 사람이 되어 있죠. 이런 상태에 빠지지 않도록 스스로를 먼저 아끼고, 항상 되뇌어보세요. "가장 중요한 건 나의 웃음, 나의 행복이다. 가족이 원하는 것 역시 그것이다"라고 말이에요.

내게도 사랑하는 그이에게도 내 웃음과 행복은 놓쳐서는 안 될 것들입니다. 당신의 얼굴에서 웃음이 사라지면, 그다음에는 사랑도 사라졌음을 발견하게 될 겁니다.

원칙보다
사람이 먼저예요

결혼생활 중 사랑이 식는 또 다른 원인으로 '사람보다 원칙을 앞세우는 것'이 있습니다. 한쪽이 가정, 가족과 관련된 원칙들을 지키느라 정작 상대방의 감정은 뒷전에 두는 거죠.

◀ 샤오팡의 사례 ▶

샤오팡은 훌륭한 엄마예요. 좋은 아내이기도 하고요. 아이가 태어난 후로 그녀는 가정을 위해 최선을 다했고, 우리 집 행동대장을 도맡았어요. 늘 주말에 아이를 데리고 어디에 갈지 미리 계획을 세워두었죠. 그 과정에서 제 의견도 물었어요. 그런데 문제는 제가 조금이라도 가기 싫은 티를 내거나 휴일을 함께 보내려 하지 않으면, 매번 부모의 의무를 설명해주는 거예요. 아이를 위해 우리가 부모로서 자연을 접할 기회를 많이 만들어줘야 한다느니, 부모가 동반해 체험활동을 해야 한다느니, 가족은 당연히 함께 움직여야 한다느니, 부모가 함께하는 건 당연하지 않냐면서 말이죠…….

- 샤오팡의 남편과의 상담 내용 중

어떤가요? 혹시 당신도 항상 하는 말이 아닌가요? 하루 종일 회사에 있느라 집에 있는 시간은 얼마 되지 않으니 핸드폰 좀 보지 마라, 밥 먹을 때는 오늘 무슨 일이 있었는지 대화 좀 나누게 텔레비전 켜지 마라, 쉬는 날에는 회사 일 좀 하지 마라……. 이런 말들은 건강한 가정을 만들기 위한 좋은 규칙처럼 들립니다. 그런데 문제는 아무리 좋은 원칙도 상대방의 상태를 보며 조정해야 한다는 겁니다. 그렇지 않으면 사람이 원칙에 밀리는 상황이 됩니다. 이를테면, 상대방도 때로는 승진 스트레스 때문에 주말에 업무 자료를 들여다봐야 할 때도 있습니다. 혹은 다음 주에 있을 회의에서 경쟁자를 이기기 위해 미리 보고서를 준비하고 싶을 수도 있습니다. 또 어떤 때는 아무런 이유 없이 집에서 쉬며 멍하니 텔레비전을 보거나 핸드폰을 만지작거리고 싶을 수도 있습니다. 사실 아내가 '가정이란 응당 어떠어떠해야 한다'는 원칙들을 계속 논해도 남편 입장에서 반박할 명분은 없습니다. 남편이 듣기에도 틀린 구석이 없으니 말이죠. 하지만 그러다 보면 어느새 남편에게 있어 집은 자신을 위한 곳이 아닌 집단의 이념을 실천하기 위한 곳이 됩니다. 즉, 집에 그가 원하는 것, 그의 감정을 고려한 부분은 없고, 부모 및 가장으로서의 역할만 있는 거죠.

사람은 누구나 자기중심적인 면이 있고, 심지어 이기적이기까지 합니다. 앞선 사례를 통해 보았듯이, 사람은 애초에 본인이 동의한 부분인데도 그로 인해 감정이 멀어질 수 있습니다. 일단 처음에는 이성적으로 당신이 제시한 원칙에 동의하고 최대한 그에 맞춥니다. 하지만 어느 순간부터 자신의 바람이 우선순위로 고려되지 않고, 의견이 반영되지 않으며, 심지어 마음대로 할 수 있는 게 하나도 없다고 느끼게 됩니다. 그러다 보면 사랑받고 있다는 느낌으로부터 멀어질 수밖에 없습니다. 부부간에 사랑을 샘솟게 하는 데 '사랑받고 있다는 느낌'만큼 중요한 게 없는데 말이죠. 그저 원칙에 맞게 '해야 하는 일'을 하다 보면 머리로는 상대방이 합리적이라는 사실을 인정하면서도 결혼생활에 있어 재미는 사라지고, 그런 상황이 되풀이되면서 부부 사이에 애교를 부리거나 장난을 치고 사랑을 주고받는 모습은 찾아보기 힘들어집니다.

이 이야기에 어떤 독자는 의문을 제기할 수도 있습니다. "건강한 방식으로 가정을 지켜나가겠다는데 그게 잘못된 건가요?" 하고 말이죠.

그런 뜻이 아닙니다. 저 역시도 그런 원칙들이 중요하다고 생각합니다. 다만, 원칙보다 사람이 우선이라는 것을 말씀드리고 싶은 겁니다. 지나치게 개념, 원칙을 중시하다 보면 그 과정에서 사람의 감정이 뒤로 밀릴 수 있습니다. 그러면 사람은 자신이 중시 받지 못한다고 느끼면서 사랑하는 감정이 사라지죠. 사람이 있고, 그다음에 가정이 있습니다. '가정은 응당 어떠어떠해야 한다'는 원칙도 모두 사람의 행복을 위해 존재하는 겁니다. 따라서 언제든지 조정할 수 있는 가능성을 열어두어야 합니다.

보통 상대방이 중시 받지 못한다고 느낄 정도로 원칙을 고수하는 사람들을 보면 자기 자신에게도 그렇게 대하는 경우가 많습니다. 즉, 나부터 아낌없이 가정에 희생하고, 내가 무엇을 원하는지는 생각해 보지 않죠. 그러다 보면 어느 순간 '우리 집에 필요한 게 내가 원하는 것'이라고 여기는 지경에 이릅니다. 자신이 중시 받고 있는지, 나 자신과 가정 사이에 이해 충돌은 없는지 생각 자체를 하지 못합니다. 상황이 이렇다 보니 왜 상대방은 희생하지 않는지, 도대체 왜 협조하지 않는지 이해되지 않습니다. 가장으로서 당연히 협조해야 할 일을 두고 도대체 뭐가 불만이란 말입니까? 그런데 남편의 감정을 들어줄 마음의 준비를 하고 소통을 하면 매우 놀라운 점을 발견하게 됩니다. 개인의 욕구를 중요시 여기는 정도에 있어 두 사람 사이에 큰 격 차가 존재하는 겁니다. 가정을 위해 개인의 욕구를 바꿀 필요가 없다고 생각하는 많은 남편은 아내가 들먹이는 원칙이 결국 아내의 자기만족을 위한 것이라고 생각합니다. 피차 서로 자기 욕구를 위한 건데, 굳이 아내의 요구를 들어줄 필요가 없다고 생각하는 거죠. 부부간에 가슴을 열고, 서로의 생각 차이와 상대방의 말의 의미를 진정으로 이해하려 노력해야 합니다. 그렇지 못하면 결국 불만이 생기고 관계는 멀어질 수밖에 없습니다.

◀ 완이와 스하오의 사례 ▶

완이: 제가 옳다고 생각하는 원칙을 가족이 지키지 않으면 목소리가 커질 수밖에 없어요. 예를 들어, 아이가 아파요. 그러면 당연히 조퇴하고 저랑 같이 아이를 데리고 병원에 가야 하는 것 아닌가요? 그렇게 하지 않으면 당연히 기분이 안 좋죠.

스하오: 일이 정말 바빠요. 그런데도 아내는 아이가 아플 때 아빠라는 사람이 뒷짐 지고 있으면 안 된대요. 엄마가 혼자 병원에 데려가면 아이가 부모를 대등하게 인식하지 못한다나요. 그러니 아무리 중요한 업무가 있어도 무조건 조퇴하고 오래요.

완이: 그게 뭐가 잘못됐죠?

스하오: 잘못됐다는 게 아니라, 좋게 말할 수도 있잖아. 무책임하다는

식으로 비난할 필요까지 있어?

완이: 당신이 책임감 있게 행동하면 비난하겠어?

스하오: ……

완이의 생각이 절대 틀린 건 아닙니다. 그리고 그녀는 남편과 달리 아이가 아플 때마다 단 한 번도 망설이지 않고 조퇴 후 곧장 달려왔습니다. 그러나 스하오가 느끼기에 아내는 그의 상황은 고려하지도 않고, 늘 옳고 그름만을 따졌습니다.

스하오: 일하다가 중간에 나갔다 오려면 시간이 얼마나 걸리는데요. 다시 회사로 돌아간 후에는 밀린 일 때문에 야근도 해야 하고요. 하지만 아내는 이런 건 전혀 고려하지 않아요. 어떨 때는 아이가 아프다고 해서 가보면 감기에 걸린 정도일 때도 있어요.

아내는 아내대로 남편은 남편대로 자신의 생각이 합당하다고 여기므로 아무리 이야기해봤자 승자 없는 싸움이니 그냥 입을 다물게 됩니다. 반응하지 않고, 소통이 단절되면서 점차 둘 사이의 감정의 골은 깊어집니다. 결혼생활 중 이런 무기력한 상황은 흔히 발생합니다. 이런 상황에서 아내는 결론도 나지 않고 설득되지도 않는 남편을 보며 참지 못하고 불만을 드러내게 됩니다. 그러면 남편은 더 수동적으로 행동하게 되고, 아내는 더 집요하게 요구할 수밖에 없게 됩니다. 그렇게 악순환에 빠집니다.

상담사: 아내분, 만약 혼자서 아이를 데리고 병원에 가면 어떤 힘든 부분이 있나요?

완이: 너무 많죠! 아이가 아픈 것 자체만으로도 이미 신경이 곤두서게 돼요. 그런데 그런 상태로 택시도 불러야 하고, 택시에는 유아용 카시트도 없잖아요. 병원에 도착하면 진찰받아야 하지, 정산해야 하지, 정신이 없어요. 그리고 의사와의 상담 시간이 짧기 때문에 혹여 놓치고 못 물어보는 부분이 있을까 봐 불안하기도 하고요.

상담사: 아내가 혼자 아이를 데리고 병원에 갈 때 걱정이 많은데, 남편분도 알고 계셨나요? 이 부분에 대해 서로 이야기해본 적이 있나요?

스하오: 없어요. 한 번도 이렇게 말한 적이 없어요. 진작에 이렇게 말했다면 저도 이해할 수 있었을 거예요. 그런데 혼자 병원에 가면 왜 힘든지는 말하지 않고 항상 명분만 논했어요. 아빠라는 사람이 어쩜 그렇게 책임감이 없니 하면서 말이에요. 마치 제가 몹쓸 사람이기라도 한 것처럼 말이에요.

만약 아내가 남편의 부족한 부분을 지적하기보다 남편이 동참해 줬으면 하는 부분을 차근차근 전달했다면 관계에 변화가 생겼을지도 모릅니다. 하지만 현실에서는 그러기가 쉽지 않습니다. 생각해보세요. 애초에 남편의 태도가 수동적이었다면, 혼자 무거운 짐을 떠안은 아내 입장에서는 남편에게 도움을 청하는 방법도 있다는 사실을 점점 잊게 됩니다. 그리고 남자는 좋은 말로 잘 달래면 움직인다는 말을 더 이상 믿지 않게 되죠. 그래서 '당신이 필요해'라는 부드러운 말로 도움을 구하기가 힘들어집니다. 결국 매번 참다가 폭발 직전에 남편이 이번에는 또 어떤 핑계를 댈지 예상하며 입을 엽니다. 이때는 결국 거창한 논리를 대며 남편에게 가르침을 주는 수밖에 없습니다. 즉, 남편이 말하는 소위 '비난 섞인 말투'가 이래서 튀어나오는 거죠. 이걸 도대체 누구를 탓해야 할까요?

결혼생활에도
재미가 필요해요

당신은 재미있는 사람인가요? 남편은 어떤가요?

청춘남녀의 로맨스를 그린 드라마를 보면, 두 주인공의 사랑스럽고 귀여운 모습이 나옵니다. 적어도 두 사람 눈에는 그렇게 보이는 거죠. 둘은 함께 있을 때 천진난만해지고, 순수하게 자신을 보여주며, 때로는 기꺼이 바보짓을 자처해 상대방의 배꼽을 빼놓기도 합니다.

실연당한 기혼자들이 놓치는 부분이 바로 이 '재미'라는 요소입니다.

한 가지 경우의 수는 당신이 정말 절대적으로 재미없는 사람이 된 겁니다. 배우자뿐만 아니라 자녀, 다른 가족, 지인 등 누가 봐도요. 어쩌다 그렇게 변한 걸까요? 대개의 경우, 당신의 잘못이 아닐 겁니다. 그저 열심히 살았겠죠. 원래 나름대로 유머 있는 사람이었지만 여러 역할이 주어지다 보니 해야 할 일을 하며 살기 바빴고, 열심히 살다가 이제 와서 보니 가족과 관련된 일 외에는 잘 아는 게 없어진 겁니다. 가족 외의 다른 일에는 관심을 가질 겨를도 없었을 겁니다. 가족 일만 신경 쓰기에도 충분히 바빴을 테니까요. 설령 시간이 있어도 가족 외의 다른 일에 신경 쓰는 걸 스스로 허용하지 않았을 겁니다. 당신의 배우자 역시 비슷한 과정을 거치며 재미없는 사람이 되었을 겁니다. 매일 똑같은 일을 똑같은 방식으로 반복하며 나이를 먹다 보면 점점 더 새로운 것을 받아들이기 힘들어지고, 심지어는 두려워지기까지 합니다. 그래서 자신만의 안락지대에 머물려 하다 보면 당연히 사람은 무미건조해질 수밖에 없습니다. 둘 중 하나만 이런 상태에 빠져도 관계에 청신호가 들어오기 어려워집니다. 여기서 꼭 짚고 넘어가야 할 점이 있습니다. 부부 중에는 유머 없이도 서로 아끼고 이해하며 잘 사는 사람들도 있습니다. 그들은 남들은 모르지만 나름대로 달콤한 일상을 즐기죠. 이런 부부는 애초에 이 책의 논의 대상이 아닙니다. '실연당한 기혼자'라는 범주에 해당되지 않으니까요. 이 글은 '사랑을 갈구하면서도 막상 부부가 서로 공유할 재밋거리가 없는 게 불화의 원인일 수 있다는 점을 놓치고 있는 사람'을 위한 것입니다. 무료함은 삶의 숨통을 옥죄게 마련입니다.

또 다른 경우의 수는 당신의 무료함이 상대적인 겁니다. 앞서 말한 '절대적으로 재미없어진 사람'에 비해 이런 경우는 본래 재미없는 사람은 아니지만 상대방의 눈에만 따분해 보이는 겁니다. 즉, 다른 사람들 눈에는 충분히 재미있는 사람이지만 배우자 앞에만 서면 재미없는 사람이 됩니다. 배우자가 그 유머를 받아줄 줄도 모르고, 한마디로 코드가 안 맞는 거죠.

이런 경우는 정말 받아들이기 힘듭니다. 나는 분명 매력이 넘치는데, 그이만 그걸 몰라주니 말입니다. 그 사람이 너무 차가워서 본래 유쾌했던 나마저 꽁꽁 얼려버립니다. 재미있게 살아보려 해도 그 사람에게는 쇠귀에 경 읽기입니다. 심한 경우, 남편을 이렇게 표현하는 아내들도 있습니다. "그이는 좀비예요. 눈만 껌뻑거리죠."

이런 경우 원인은 대개 공통된 관심사가 없는 데 있습니다. 인생의 방향이 서로 다른 거죠. 부부간에 취미, 종교, 직업 분야 등 모든 것이 같을 수는 없습니다. 하지만 다르다면, 적어도 공유는 해야 합니다. 만약 진지한 자세로 소통과 공유를 위한 노력을 하지 않으면 둘의 관계는 간극이 벌어질 수밖에 없습니다. 서로의 관심사로부터 멀어지는 건 순식간입니다. 예를 들어, 아내가 예술 쪽에 흥미가 있다고 합시다. 그런데 남편은 전시회, 음악회 같은 건 가본 적도 없고, 예술을 '현실에서 동떨어진 것' 정도로 취급합니다. 그러면 아내 입장에서는 남편이 재미를 모르는 사람 같고, 또 남편 입장에서는 아내가 따분해 보입니다. 반대로, 남편은 운동을 좋아합니다. 그래서 골프, 테니스, 웨이트트레이닝에 필요한 각종 장비를 사들이죠. 그런데 아내는 운동을 극도로 싫어합니다. 제가 아는 사례 중에는 아내가 햇빛과 풀밭 알레르기가 있어 남편과 함께 운동을 가기 힘든 경우도 있었습니다. 만약 이들에게 다른 공통된 관심사가 없다면 이들은 서로 재미없다고 여기게 되기 쉽습니다. 비슷한 일례는 많습니다. 어떤 경우는 아내의 관심사가 예술, 운동도 아니고, 오로지 아이뿐이었습니다. 그래서 남편에게도 아이를 대할 때와 똑같이 말했죠. "음식 남기지 말고 깨끗이 먹으세요! 알았어요, 몰랐어요?"라면서요. 조금 무섭지 않나요?

이유가 어떻든, 자신의 시야를 넓히지 못하고 현재에만 머물려는 사람은 밋밋해지고 생기를 잃기 쉽습니다. 더 이상 새로운 기대를 할 수 있는 가능성이 없어졌을 때, 바로 '재미없는' 사람이 되는 거죠.

실연당한 기혼여성들을 만나보면, 그들은 보통 문화적 관성에 따라 문제를 규정합니다. 예컨대, "내가 나이 먹고 빛이 바래니까 질린 거예요", "아이 낳고 몸이 변했어요. 그래서 남편 마음도 변한 거예요", "아껴 먹고 아껴 쓰느라 나 자신은 못 꾸몄어요. 그러니까 흥미를 잃은 거예요"라고 말하는 경우가 그렇습니다. 그리고 그들은 '남편은 양심이 눈곱만큼도 없는 사람'이라는 결론에 이릅니다. 한편 남편들은 흔히 돈을 못 버니 무시당한다는 생각을 갖고 있습니다. 사실 이런 것들은 대개 문제의 근원이 아닙니다. 설사 그런 문제가 있다 해도 부부 사이의 호감을 완전히 없앨 정도는 아니죠. 많은 부부가 여전히 아름다운 외모를 유지하고 나름의 성취를 이루며 살고 있지만, 단지 감정적으로 재미없게 느껴지는 겁니다. 이게 바로 서서히 사랑이 사라지게 만든 원인일지도 모릅니다.

사랑하는 사람 간에는 뭐든 나누고 싶어 합니다. 감정, 생각, 체액,
돈까지 모든 것을 말이죠. 하지만 사랑이 사라지는 순간, 둘 사이에
는 단단한 벽이 생겨 서로에게 다가갈 수도, 무언가를 나눌 수도 없
습니다.

　사랑하는 사람과 감정을 공유할 줄 아는 것도 능력입니다. 연애
시절처럼 함께하는 시간이 짧을 때는 서로 모든 걸 이야기하고 들어
주는 일이 쉬울 것 같습니다. 하지만 막상 결혼하면 오랫동안 그 능
력을 유지하는 건 아무나 할 수 있는 일이 아니라는 것을 깨닫게 됩
니다.

　어떤 사람은 자기감정은 마음껏 표출하면서 상대방의 감정은 들
어줄 줄 모릅니다. 반대로 자기감정을 제대로 표현할 줄 모르는 이도

있습니다. 그리고 자신의 기분이 좋지 않을 때마다 상대방의 잘못 때문이라고 여기며 입만 열면 원망을 늘어놓죠. 이런 사람은 상대방을 숨 막히게 합니다. 그런가 하면 상대방에게 감정을 털어놓도록 강요하는 사람도 있습니다. 이런 경우는 보통 그 감정을 함께 나누거나 공감하려는 의도보다는 상대방의 감정을 얼른 처리하고 넘어가려는 목적이 큽니다. 이상은 사랑을 키워가는 바람직한 방법은 아닙니다.

이 부분에서 심리학의 애착이론이 문제 해결에 도움을 줄 수 있습니다. 해당 이론에 따르면, 회피형 인간은 감정이 발생하는 순간 재빨리 자신의 안전지대로 돌아와 숨습니다. 반면 똑같이 감정이 발생했을 때 불안정-양가형 인간은 자신이 신경 쓰는 이를 붙잡아두고 본인의 감정을 하나부터 열까지 전부 전달해야만 직성이 풀립니다. 그리고 상대방이 이해해주길 바라죠. 한편 융 심리학은 이 두 유형의 차이를 '내향'과 '외향'으로 구분해 표현했습니다. 만약 서로 다른 유형의 두 사람이 만났는데, 맞춰나가기 힘들다면 '감정 공유'는 힘든 정도를 넘어 재앙이 됩니다.

상담을 하다 보면 한쪽이 다른 한쪽의 무심함을 원망하는 경우가 많습니다. 그런데 상대방의 이야기를 들어보면 다릅니다. 그쪽에서는 막상 기회가 있어 말을 했다가는 무차별적인 감정 폭격을 당한다고 말합니다. 그래서 최대한 입을 다물고 몸을 사리는 수밖에 없다는 겁니다. 즉, 무심하다고 지목된 쪽도 처음에는 감정 표현을 시도합니다. 하지만 그럴 때마다 반문 혹은 묵살당합니다. 그리고 "당신은 다행인 줄 알아", "행복한 줄 알아", "고맙게 생각해"라는 말에 대꾸했다가는 잠시도 평온할 틈이 없기에 그냥 상대방의 말에 동의하는 겁니다. 그러다 보면 더 이상 감정을 공유하고 싶지 않아집니다. 그러면 이제 부부 사이의 모든 감정이나 문제는 반대쪽이 짊어지게 됩니다. 그럴수록 그쪽에서 감내해야 할 스트레스는 커지고, 표출하는 감정은 많아지며, 갈수록 악역을 맡게 됩니다. 나중에는 어떤게 진짜 내 감정인지, 상대방의 감정은 무엇인지 헷갈리고, 둘 사이에 존재하던 호감은 점차 사라집니다.

앞서 다룬 성격 유형 외에 사회가 요구하는 고정적인 역할도 부부간의 소통에 영향을 미칩니다. 이를테면 남편의 역할, 아내의 역할, 남성의 역할, 여성의 역할 등에 얽매이는 겁니다. 따라서 이런 부분을 스스로 깨닫고 개선하기 위해 많은 노력을 기울여야 합니다. 역할에 대한 고정관념은 관계를 악화시키는 흔한 원인 중 하나입니다. 그러나 서로의 성격 유형을 이해하고 기존의 소통 방식에서 벗어난다면, 부부관계를 개선할 수 있는 최고의 기회가 될지도 모릅니다.

러우안은 최근 몇 년 새 연로하신 모친의 건강이 악화되자 걱정된 나머지 두세 시간씩 차를 타고 가 어머니를 보살폈습니다. 남편인 즈웨이는 물심양면으로 아내를 도왔습니다. 진심으로 아내 입장에서 생각했죠. 아내가 집을 비울 때 가사를 돌보는 것뿐만 아니라 업무 처리까지 도왔습니다. 급히 회신이 필요한 메일에 답장을 하기도 했고, 대신 자료를 모아주기도 했습니다. 둘은 아주 훌륭한 파트너십을 맺고 있는 듯이 보였습니다. 그들 스스로도 서로가 잘하고 있다고 생각했고요.

그러던 어느 날, 즈웨이는 상사와의 면담 도중 회사에서 6개월간 그를 유럽으로 연수를 보내주려 한다는 소식을 들었습니다. 그 연수는 향후 복귀 후 승진 보장을 의미했죠. 하지만 아내와 한 약속이 마음에 걸렸습니다. 바로 해외에서 한 달 이상 머물 경우에는 가능한 한 둘이 함께 간다고 약속했기 때문이죠. 실제로 지난 몇 년간 그 약속을 지켜오기도 했고요. 즈웨이는 이 문제로 아내가 스트레스를 받을까 봐 걱정되었습니다. 아내 입장에서 곤란할 게 뻔했기 때문입니다. 몇 개월간 해외에 나간다면 아내는 계속 모친을 걱정하고, 어쩌면 죄책감을 느낄지도 모르니까요. 하지만 그렇다고 해서 이 좋은 기회를 단칼에 거절할 수는 없었습니다. 결국 즈웨이는 아내에게 말을 꺼내기로 했습니다.

러우안은 이야기를 다 듣고 난 후 미소를 보이며 말했습니다. "당신이 결정해. 정말 좋은 기회라고 생각하면 함께 가자."

스웨이가 물었습니다. "그러면 당신 어머니는 어쩌고?"

러우안이 대답했습니다. "알아서 할게. 필요할 때 잠깐씩 들어오면 되고, 여기에는 내 남동생들도 있잖아."

러우안은 이 일이 전혀 걱정거리가 아니라는 듯이 반응했습니다. 그 후, 상사에게 해외 연수를 어떻게 할지 보고해야 할 시점이 점점 다가왔습니다. 하지만 러우안은 그동안 연수에 관해 어떻게 하면 좋을지 아무런 언질을 주지 않았습니다. 스웨이가 회사에 어떻게 답을 해야 할지, 가는 쪽으로 확정해도 될지 물을 때마다 이렇게만 대답했습니다. "지금은 그 이야기를 할 시간이 없어. 당신 결정에 따를게."

스웨이가 보기에 러우안은 해외 연수 이야기를 꺼낼 때마다 항상 말로는 상관없다고 했지만, 눈도 제대로 마주치지 않고 기분이 언짢은 것 같았습니다. 그래서 이러지도 저러지도 못하고 우물쭈물하다가 마감 기한이 다가왔습니다. 상사에게 보고하기 전날, 스웨이는 다시 이야기를 꺼냈습니다. "이젠 정말 갈지 말지 결정해야 해. 정말 확실히 동의하는 거야?" 그러자 이번에는 러우안이 불같이 화를 냈습니다. "몇 번을 말해, 당신이 결정하라고! 계속 묻는 거 보니까 당신이 뭔가 망설여지는 게 있는 거 아냐? 나한테 책임을 떠넘기지 마!"

스웨이는 자신의 배려가 오해를 받는 것 같아 억울했고, 두 사람은 크게 다퉜습니다. 그리고 그 다툼을 통해 두 사람의 마음속에 쌓인 응어리와 소통의 한계가 여과 없이 드러났습니다.

즈웨이: 장모님 때문에 마음 쓰일까 봐 당신을 걱정한 거잖아. 그래서 계속 정말 해외 연수를 갈 건지 물은 거야.

러우안: 몇 번을 묻는 거야? 같이 갈 수 있다는데 왜 말을 안 믿어? 도대체 무슨 의미야? 내가 엄마를 자주 보러 가는 건 사실이야. 그렇다고 내가 집안일을 소홀히 한 적 있어? 내가 엄마한테 시간을 많이 쓰니까 불만 있는 거야?

즈웨이는 정말 억울했습니다. 그래서 지금까지 늘 어머니를 보살피고 싶은 그녀의 마음을 이해하고 도움을 주기 위해 노력해왔다고 강조했습니다. 그런데 그게 러우안을 더욱 화나게 했습니다. 러우안은 말했습니다. "이제 보니까 아주 엄청난 일을 하고 있다고 생각했구나? 그래서 내가 당신한테 빚이라도 졌다는 거야?"

보통 드라마 속 부부 싸움 장면을 보면 누구나 이해할 수 있는 이야기를 합니다. 어떻게 보면 현실 세계의 부부 사이의 대화가 더 이해하기 어렵다는 생각이 자주 들곤 합니다. 어디에서부터 잘못된 건지도 모르겠고, 나중에는 무엇 때문에 싸우고 있는지조차 헷갈리는, 이런 게 실제 부부의 모습입니다.

러우안과 즈웨이의 마음속에서 어떤 일이 벌어지고 있던 걸까요?

우선 러우안은 어머니를 보살피는 것과 남편을 따라 해외 연수를 가는 두 가지 선택 사이에서 고민에 빠졌습니다. 그런데 두 가지 선택의 모순점이 분명하다 보니 스트레스를 받은 겁니다. 복잡한 마음을 어떻게 다잡아야 할지도 모르겠고, 두 마리 토끼를 모두 잡고 싶었습니다. 남편의 앞길을 막고 싶지 않았고, 그렇다고 어머니를 모른 체할 수도 없었습니다. 그렇다면 남편과 어머니는 제쳐두고, 그녀가 진정으로 원하는 건 무엇이었을까요? 사실 남편을 따라가고 싶었습니다. 잠시나마 떠나 숨을 돌릴 수 있는 좋은 명분이 생긴 셈이었으니까요. 어머니를 돌보는 일은 남동생에게 맡기고 말이죠. 하지만 이런 생각을 하다 보면 이내 죄책감이 몰려왔습니다. 러우안은 자신의 그런 복잡한 심경을 어떻게 정의 내리고 정리해야 할지 몰랐고, 그래서 남편이 알아서 결정하도록 떠넘겼습니다.

한편 즈웨이도 러우안에게 재차 의사를 묻던 시점에 딜레마에 빠졌습니다. 사실 아내를 생각한다면 해외 연수를 거절하는 게 맞지만, 그 기회를 놓치고 싶지 않았습니다. 즉, 아내가 따라주길 바라면서도 한편으로는 자신이 너무 이기적인 것 같아 아내가 스스로 원하는 거라고 확실히 말해주길 바란 겁니다. 그러면 조금이나마 죄책감을 덜 수 있을 테니까요. 러우안도 즈웨이의 그런 심리를 알고 있었기에 더

욱 화가 난 겁니다. 누가 봐도 뻔히 남편은 해외 연수를 가고 싶어 했고, 아내를 곤란하게 만들고 있었습니다. 그렇다면 같은 질문을 반복하는 것보다 '힘든 상황에서 나를 따라줘서 고마워, 여보!'라고 솔직하게 말하는 편이 훨씬 낫지 않을까요? 두 사람 모두 죄책감을 떠안고 싶지 않았고, 그러다 보니 상황이 이 지경에 이른 거죠.

상담을 받으면서 러우안은 가슴 저편에 자리한 자신의 마음을 차츰 알게 되었습니다. 집을 자주 비우고 어머니를 보러 간 게 실은 남편에게 미안하고, 남편이 본인에게는 무관심하다고 느낄까 봐 걱정된 겁니다. 그래서 남편이 불만이 있는 건 아닌지 늘 의심하곤 했습니다. 즈웨이 역시 러우안을 적극 지지하면서도 때때로 자신의 감정은 챙기지 못했습니다. 두 사람은 모두 상대방의 입장을 배려할 수 있다고 생각했지만, 정작 자신의 마음의 소리에는 귀를 기울이지 않은 거죠. 하지만 이처럼 자신이 진정으로 원하는 걸 놓치면 결국 무의식중에 부정적인 감정이 싹틀 수밖에 없습니다. 그리고 그 감정은 왜곡된 방식으로 표출됩니다. 이들 부부 사례를 통해 알 수 있듯이, 자신의 감정을 있는 그대로 받아들이지 못하고, 무의식중에 잠재된 복잡한 감정을 함께 풀어나가지 못하면, 서로 상대방을 위해 노력했더라도 둘 사이에는 거리감이 생길 수밖에 없습니다. 자신의 감정을 읽지 못하는 사람은 절대 상대방의 감정을 읽을 수 없습니다.

부부관계가 틀어지면 흔히 상대방이 자신의 자존감을 떨어뜨리는 언행을 해왔다고 원망합니다. 예를 들면, "그 사람은 어떤 결정을 내릴 때 내 의견을 묻지 않아요. 살면서 눈곱만큼도 존중받지 못했죠", "나를 오라면 오고 가라면 가는 하인 정도로 생각한 것 같아요. 그리고 하는 일마다 트집을 잡았어요. 잘하면 당연한 거고, 못하면 지적당하기 일쑤였죠", "내 옷차림, 몸매를 두고 조롱했어요. 텔레비전을 보다가 배우가 입은 옷이 예뻐서 사고 싶다고 말하면 당신이 저 옷을 입을 수 있겠냐며 아이와 함께 히죽거리더군요" 하고 원망을 쏟아냅니다. 비슷한 사례는 이 밖에도 많습니다. 사실 찾으려고 마음 먹으면 결혼생활에서 원망할 거리는 차고 넘칩니다. "시부모님 행동에 문제가 있었어요", "시누이 때문에 힘들었어요" 등등 말입니다.

상대방이 이처럼 대했다면, 분명 그는 당신의 자존감을 떨어뜨리는 언행을 해온 것이 맞습니다. 그러니까 표정관리를 못했다고, 부부관계가 틀어졌다고, 심지어 남보다 못한 사이가 되었다고 당신을 탓할 수는 없습니다. 그런데 잠시 생각해봅시다. 당신은 이런 언행을 한 번이라도 제지한 적이 있나요? 이런 언행이 관계를 망칠 수 있다고 부드럽되 단호하게 언질을 준 적이 있느냔 말입니다. 아니면 그냥 참고 넘어가거나, 똑같이 되갚아주려고 기회를 노리고 있었나요?

부부관계를 유지하지 못한 데는 두 사람 모두 책임이 있습니다. 예를 들어볼까요? 만약 어린아이가 물건을 망가뜨리거나 사람을 때렸다면 보통 어떻게 하나요? 부모라면 누구나 어떻게 해야 할지 압니다. 아이를 이로운 방향으로 이끌 수 있도록 선을 그어줘야죠. 사람을 때려서는 안 된다고 단호히 알려줘야 합니다. 조금 큰 아이의 경우, 화가 나면 말로 풀어야지 폭력으로는 절대 문제를 해결할 수 없다고 명확히 알려줘야 합니다. 이렇게 부모의 지도 아래서 아이는 자신이 어느 선 안에 있어야 안전한지, 사람에게 해를 입히면 안 되는 범위가 어디까지인지 알 수 있습니다. 이처럼 선을 그어주는 일은 부모에게도 중요합니다. 그래야 큰 어려움 없이 아이를 사랑으로 키울 수 있기 때문이죠. 그런데 이처럼 간단한 이치를 부부관계에서는 쉽게 놓치곤 합니다. 그렇다면 상대방이 생각 없이 나를 흠집 내고,

무시 혹은 홀시할 때, 그 밖에 감정을 상하게 하는 행위를 할 때, 서로를 보호하기 위한 선을 그을 방법이 없을까요?

앞서 예를 든, 남편이 아내의 몸매를 두고 아이와 함께 조롱한 사례로 돌아가 봅시다. 이때 만약 아내 입장에서 기분이 나쁘다면, 즉시 굳은 표정으로 명확히 말해줘야 합니다. 그 말이 얼마나 감정을 상하게 했는지 말이죠. 그러면 남편은 순간 멋쩍어하며 아무렇지 않은 듯이 대답할 수 있습니다. "에이, 별것도 아닌 걸 가지고 왜 그래? 이게 그렇게 기분 나쁠 정도야? 웃자고 한 이야긴데, 분위기 깨지 마"라고 말입니다. 그렇다면 일단 텔레비전을 계속 보게 놔두세요. 하지만 그 후에라도 꼭 따로 시간을 내어 진지하게 의사를 전달해야 합니다. 계속 그렇게 행동하면 내 기분이 무척 상할 것이고, 그로 인해 당신과의 관계에서 좋지 않은 감정이 생기길 원치 않는다고 말이죠. 이처럼 '침범해서는 안 되는 선'을 그어주는 겁니다.

일반적인 대인관계에서도 마찬가지입니다. 타인이 함부로 나를 공격하거나 모욕하도록 내버려 두면 안 됩니다. 만약 상대방이 계속 감정적으로 나를 해치도록 방임하면 나도 언제 그 사람에게 반격을 가할지 모릅니다. 그렇게 서로를 공격하다 보면 악감정이 쌓여 관계를 망칩니다. 시간이 점차 흐를수록 상대방과 함께 있으면 팽팽한 줄다리기를 하고 있다는 생각밖에 들지 않고, 속은 썩어서 곪습니다. 더 이상 그 사람이 나를 북돋아주는 존재가 아니고, 그로 인해 스스로 자신의 가치를 긍정할 수 없을 때, 내가 하찮고 사랑받지 못한다는 감정이 한데 뭉뚱그려지면서 사람은 생기를 잃습니다. 그렇게 우리는 앞서 말한 것처럼 '그 사람 눈에 재미없는 사람'이 되어갑니다. 그리고 내 눈에도 역시 그 사람이 재미없는 사람이 됩니다. 정확히 말하면, 재미없는 정도가 아니라 최악의 존재가 되는 겁니다. 그 사람은 이미 내 가슴을 난도질해놓은 원흉이니까요.

부부간에 한쪽이 관계를 해치는 행위를 한다면 반드시 다른 한쪽이 나서서 제지할 방법을 찾아야 합니다. 그건 복수가 아니라 일종의 '인도'입니다. 상대방을 올바른 방향으로 이끌어주는 거죠. 그렇게 서로를 위한 보호 장치를 마련하는 겁니다. 관계란 비유하자면, 보호가 필요한 초원과 같습니다. 방문객에게 초원을 어떻게 보호해야 할지 온화한 방식으로 일러줘야 합니다. 초원을 소중히 대하고, 함부로 짓밟지 말라고 말입니다. 당신처럼요. 남편이 당신을 짓밟게 놔두지 마세요. 그래야 당신이 남편을 짓밟는 일도 막을 수 있습니다. 그 밖에 관계를 해치는 행위는 다양합니다. 불성실, 기만, 소통과 개선을 위한 노력 부족, 외도 등 이 모든 것이 관계를 해치는 흔한 행위입니다. 이때 무조건 인내하는 자세로 문제에 대처해서는 안 됩니다. 열린 자세를 취하되, 상대방에게 단호히 '지금 당신의 행위가 우리 관계를 유지하는 데 있어 필요한 최소한의 선을 넘었다'는 사실을 알려주세요. 부부간에 이런 보호 장치가 없으면 사랑이 사라지는 건 시간문제입니다.

3장

/

관계를 악화시키는
무의미한 시도들

이 책은 부부관계가 냉담해진 이유를 밝히고자 하는 의도는 없습니다. 다만 앞서 보았듯이 '부부관계에서 사랑이 사라지는 것은 대개 예상 밖의 일 때문이며, 무조건 노력한다고 해서 예방할 수 있는 게 아님'을 강조하고 싶었습니다. 아무런 예방 조치 없이 상황이 이미 전개된 상태에 놓이면 우리는 지옥에 떨어진 듯한 고통을 느끼고, '다시 되돌릴 방법은 없을까?' 하고 무기력하게 넋두리를 하게 됩니다.

사람은 상대방으로부터 사랑을 느끼지도, 그렇다고 떠나지도 못할 때 본능적으로 '버림받았을 때 나타나는 흔한 반응'을 보입니다. 그리고 그런 반응은 기존에 잠재되어 있던 문제와 만나 악순환을 이룹니다. 악순환 속에서는 아무리 발버둥을 쳐봤자 다람쥐 쳇바퀴 돌듯 그 속도만 가속시킬 뿐, 관계는 개선되지 못하고 최악으로 치닫습니다.

언젠가는 이 혼내 실연의 고통으로부터 벗어나고 싶다면, 반드시 악순환을 끊을 줄 알아야 합니다.

두 사람의 관계가 어떤지는 눈빛이 전부 말해줍니다.

철저히 무시하는 눈빛 혹은 굶주린 듯한 눈빛은 사람을 도망가고 싶게 만듭니다. 무시와 갈구, 이 두 가지는 여자들이 사랑받지 못할 때 흔히 쓰는 방법이기도 합니다.

우선 굶주린 듯한 눈빛으로 사랑을 갈구하는 쪽부터 이야기해볼 까요? 즉, 온종일 뚫어져라 쳐다보면서 사랑에 굶주려 이글이글 타 오르는 눈빛을 보내는 겁니다. 제발 사랑 좀 달라고, 나한테 말 좀 걸어달라고, 나 좀 만져달라고 눈으로 말을 합니다. 그러면 상대방은 저 여자를 만족시킬 자신이 없고 압박을 느끼다 보니 본능적으로 저항합니다(다시 한 번 말하지만, 여기서 다루는 대상은 혼내 실연에 처한 경우입니다). 이처럼 사랑이란 참 이상합니다. 내 사랑은 이미 타오르지 않는데 저쪽에서는 활활 타오르고, 심지어 그 불길이 번질 것 같으면 나를 집어삼킬까 봐 무섭다는 생각밖에 들지 않습니다.

다른 하나는 분노로 가득 차 거들떠보지도 않는 경우입니다. 전혀 신경 쓰지 않는다는 듯한 태도를 취하는 거죠. 상대방과 털끝조차 닿고 싶지 않아 하고, 자신이 원하는 것을 표현할 마음도 없습니다. 그러면 상대방 입장에서는 굳이 다가갈 필요가 없다고 생각합니다. 당신이 원래 철벽같은 사람이라고까지 생각합니다. 사실 이런 태도는 수차례 마음에 상처를 입으면서 나오는 방어 심리 때문인데 말입니다. 이와 관련해서는 뒤에서 자세히 다루겠습니다.

어쨌든 혼내 실연의 악순환을 끊고 싶다면, 눈빛부터 바꿔보세요.

부부 사이에 애틋한 사랑이 느껴지지 않는 게 그렇게 심각한 일인가
요? 꼭 변화를 모색해야만 하나요?

어떤 사람들은 애초에 이런 감정의 유무 따위는 신경 쓰지 않고
흔들림 없이 잘 살아가기도 합니다. 예를 들어볼까요? 어떤 사람은
사랑의 감정이 함께 텔레비전을 보고, 음식을 나눠 먹고, 겨울에는
따뜻한 이불을 함께 덮고, 물건을 옮길 때 도와주고, 정전이 났을 때
서로 힘이 되어주는 정도면 족하다고 생각하고 있었습니다. 자신이
아직 결혼하지 않은 사람보다 우월하다는 생각까지 갖고 있더군요.
이런 사람은 연애 때와 같은 사랑의 감정이 느껴지지 않아도 개의치
않고 안정적으로 삶을 살아갑니다. 타인으로부터 영향을 받아 자신
의 결혼생활에 회의를 느끼는 일도 없습니다.

반면 어떤 사람은 사랑을 느낄 수 없는 순간 아무것도 하지 못합니다. 한 여성이 말해주더군요. 그건 마치 "온몸의 세포가 딱딱하게 굳으면서 노폐물이 쌓이는 느낌"이라고요. 또 이렇게 말하는 여성도 있었습니다. "결혼생활의 고통을 어떻게 말로 표현해야 할지 몰랐죠. 그러던 중 아이를 데리고 낚시를 하러 갔는데, 아이가 물고기는 왜 물속에서 살아야 하는지 묻더군요. 그냥 별생각 없이 물고기는 물이 없으면 죽는다고 말해주었는데, 문득 지금 내가 그런 결혼생활을 하고 있다는 생각이 들었어요. 눈물이 왈칵 쏟아졌죠." 이처럼 감수성이 살아있는 사람에게는 부부관계와 사랑을 되찾는 일이 생존 문제와 직결됩니다.

결혼생활 중의 실연 문제는 연애 때의 실연 문제처럼 빠른 시일 내에 해결할 수 없습니다. 누군가는 "그가 당신을 사랑하지 않는다는 사실을 똑똑히 직시하고 뒤돌아보지 말고 이혼하세요"라고 간단히 말할지도 모릅니다. 이런 말은 일시적으로 위로받기는 좋지만 가슴 깊은 곳의 응어리까지 풀어주진 못합니다. 제가 만난 대부분의 여성은 혼인의 끈을 놓기 전에 마지막으로 사랑을 되돌리기 위한 최선의 노력을 다해보고 싶어 하더군요. 그런데 여기서 아이러니한 부분이 있습니다. 바로 사랑을 되돌리려면 지혜, 용기, 인내가 필요하고, 더불어 기회와 운명이 따라주어야 하는데, 어떻게든 사랑을 되돌리고 싶어 하는 여성들이 정작 그 방법은 모른 채 원망만 늘어놓다가 남편을 질리게 만들어버린다는 겁니다.

원망으로 가득 찬 여성의 모습이 어떤지 우리는 잘 압니다. 얼굴에는 근심이 가득하고, 입으로는 이렇게 말합니다. "나랑 말도 섞기 싫구나?", "당신 나랑 눈 마주친 게 언제인지 알아?", "왜 나랑은 아무것도 같이 하기 싫은데?", "도대체 혼자 뭐가 그렇게 바빠?", "조금 있으면 얼굴도 잊겠네"라고 말이죠.

이런 말들은 남편과의 관계에 대한 불안감을 드러내고, 동시에 그 속에는 남편에 대한 요구 사항이 담겨있습니다. 그런데 이때 남편의 반응이 돌아오지 않으면 수위를 높여 더 강력히 몰아붙입니다. "내가 당신 와이프가 맞긴 해? 난 당신 와이프라고! 남편 관심 좀 받고 싶다는데 그게 잘못됐어?", "이래도 우리가 부부야?", "같이 잔 게 언제야?", "평생 나랑은 살도 안 붙일 작정이구나?"

왜 이렇게 말하는 걸까요? 사실 당사자도 그렇게 말하고 싶진 않을 겁니다. 그저 사랑을 잃었다는 생각에 무기력한 지경에 이르다 보니 그런 역할에 함몰된 겁니다. 하지만 이런 식으로 말할수록 관계는 더 악화됩니다. 상대방이 내게 잘못했다고 생각하게 만듦으로써 부채감을 주죠. 남편이 조금이나마 인성을 갖춘 사람이라면 부부관계에 도덕적 책임을 느낄 테고, 크게 압박을 받을 겁니다. 그리고 인간은 본능적으로 압박으로부터 도망치기 마련입니다.

다시 한 번 강조하지만, 인간은 본능적으로 압박으로부터 도망칩니다. 강하게 몰아붙이면 도망가는 게 사람의 본능이죠.

이 부분을 재차 강조하는 이유는 대부분의 사람이 이 사실을 진지하게 받아들이려 하지 않기 때문입니다. 상대방은 분명 당신을 피하고 있는데 계속 몰아붙이기만 합니다. 마치 내가 압력을 덜 가해서 상대방이 고분고분 돌아오지 않는 걸로 생각하기라도 하는 듯이 말입니다.

한편 혼인관계에 대해 일말의 도덕적 책임도 느끼지 않거나 인식이 떨어지는 남편의 경우, 원망을 퍼붓는 아내를 보며 자신의 눈과 귀, 기분에 시커먼 먹물을 뿜어대는 오징어 정도로밖에 생각하지 않을 겁니다. 그들은 아내의 원망에 압박보다는 염증을 느낍니다. 결과는 똑같이 도망치는 거죠. 눈 마주침부터 신체 접촉까지 피할 수만 있다면 최대한 피하려고 합니다.

어쨌든지 간에 악순환을 끊으려면 일단 자신의 상태부터 똑바로 바라보세요. 남편에게 말을 하기 전에 셀프카메라 앞에 섰다고 상상해보는 겁니다. 혹시 지금 입꼬리는 축 처지고 팔자주름 깊게 팬 모습으로 남편을 마주하고 있진 않나요? 횡뎅그렁하니 어두운 눈빛으로 원망스럽게 바라보고 있진 않나요?

사랑은 밝고 기분 좋은 감정입니다. 그런데 그런 감정을 어둡고 부정적인 방식으로 얻어낼 리 만무하죠.

원망을 뿜어대는 아내와 귀신의 공통점은 한으로 가득 차 어두운 기운을 발산한다는 점입니다. 어둠에서 벗어나 빛나는 삶을 살고 싶다면, 자신의 상태부터 파악해보세요. 사랑 없는 결혼생활 속에서 이미 만신창이가 되어버린 건 아닌지, 생기를 잃은 건 아닌지, 그 결과 어두운 기운으로 가득 찬 사람으로 변한 건 아닌지 말이죠. 표현이 과장되게 들릴지도 모르겠습니다만, 실제로 많은 실연당한 기혼여성이 자신도 모르는 사이 그렇게 변해있었습니다. 인생을 전혀 즐기지 못하고, 자신을 돌보지 않으며, 스스로를 포기하죠. 그러다 보면 남편뿐만 아니라 다른 사람들도 곁에 다가가길 힘들어합니다.

밀란 쿤데라의 소설 『참을 수 없는 존재의 가벼움』을 보면 여주인공 테레자가 꿈을 꾸는 장면이 나옵니다.

나는 아주 오랫동안 땅에 묻혀있었어. 당신은 일주일에 한 번만 나를 보러 왔어. 당신이 지하 무덤의 문을 두드리면 내가 나갔지. 내 눈 속에는 흙이 가득했어.

당신은 늘 물었어. "앞이 보이긴 하는 거야?" 그리고는 내 눈에서 흙을 없애주려 했지.

그때마다 나는 대답했어. "어차피 나는 아무것도 보지 못해. 이미 내 눈은 텅 빈 구멍이 되었거든."

이후 당신은 어느 날 장거리 여행을 떠났어. 나는 당신이 다른 여자와 함께 갔다는 걸 알았지. 몇 주가 흘러도 당신의 그림자조차 볼 수 없었어. 나는 당신과 엇갈려 제때 맞이하지 못할까 두려워 잠을 자지 못했어. 어느 날 드디어 당신이 돌아와서 지하 무덤의 문을 두드렸는데, 나는 꼬박 한 달 동안 잠을 자지 못해 지칠 대로 지쳐 있었지. 다시는 거기서 나오지 못하겠다는 생각이 들었어. 결국에는 어떻게 해서 문을 열고 나왔는데, 당신은 실망감을 내비쳤어. 내 안색이 좋지 않다고 했어. 나는 당신이 내 움푹 팬 두 볼과 허둥대는 모습을 얼마나 보기 싫게 생각하는지 느낄 수 있었지.

나는 당신에게 사과했어. "미안해, 당신이 떠난 후 한숨도 자지 못했어."

당신은 목소리에 기쁨을 감추며 말했어. "그래? 당신은 조금 쉬어야 해. 한 달간 휴가가 필요해."

당신이 무슨 생각을 하는지 내가 모를 줄 알더군! 한 달간의 휴가는 그동안 나를 보러 오고 싶지 않다는 의미지. 당신에게 다른 여자가 있으니까. 당신은 떠났고, 나는 다시 무덤 속으로 떨어졌지. 나는 또 한 달간 잠 못 이루고 당신을 기다릴 것이고, 당신이 돌아올 때쯤이면 몰골은 더 흉해져 당신이 더욱 실망할 것이라는 사실을 잘 알고 있었어.

쿤데라는 테레자의 남편을 두고 "그는 이보다 더 처절한 이야기를 들어본 적이 없었다……. 그는 자신이 더 이상 그런 사랑을 감당할 수 없겠다고 생각했다"라고 덧붙였습니다.

이처럼 고독한 사람은 꿈속에서도 슬픔의 악순환을 반복합니다.

지하 무덤에서 기다리지 말고 어떻게든 방법을 찾아 빠져나오세요. 점점 더 음산한 귀신처럼 변해가는 운명으로부터 벗어나세요. 그리고 스스로 "나는 살고 싶다, 사람처럼 살고 싶다"고 말해보세요.

옳고 그름만 따지면
상대방을 이해할 수 없어요

일단 관계가 벌어지면 진심을 말하기가 쉽지 않습니다. "나는 당신을 사랑해", "다시 나를 사랑할 때까지 기다릴게"라고 마음을 표현하는 건 너무 모험적인 일로 느껴지죠. 만약 조롱이라도 당하면 무너진 자존심은 어떻게 수습할까요? 그러다 보니 이런 상황에 처하면 사람은 '옳고 그름'만 따지는 또 다른 악순환에 빠지게 됩니다.

이미 당신과 거리를 두려 하는 사람에게 다음과 같이 말한다고 생각해봅시다. "그게 가족을 대하는 태도야?", "가끔이라도 같이 있자는 게 잘못됐어?", "적어도 한 달에 한두 번은 부부관계가 있어야 하는 거 아니야?"라고 말입니다. 이 밖에도 "전문가가 그러는데……"로 시작하는 말은 더 큰 반감을 불러일으킵니다. 이처럼 거창한 이치에 호소하며 옳고 그름을 따지는 말이 사랑 없는 관계에 과연 어떤 도움을 줄까요?

크게 상처를 받은 쪽에서는 마지막 자존심만큼은 지키려 애쓰면서 부부관계 문제를 두고 대화를 시도합니다. 그러나 여러 차례 퇴짜를 맞으면서 수치심에 휩싸입니다. 이제 더 이상 진심을 말하는 일이 불가능해지면, 그때부터는 거창한 논리를 들이댑니다. 그렇게 해서라도 상대방을 설득할 수 있길 기대하는 거죠. 그러나 뭐가 옳고 틀린지, 무엇을 마땅히 해야 하고 혹은 해서는 안 되는지 지적하는 말은 일종의 지극히 간소화된 언어입니다. 소통에 전혀 도움이 되지 않죠. 이에 대해 상대방이 그나마 화가 덜 난 상태라면 "어디에 그렇게 정해져 있는데?", "전문가가 그래서 어쩌라고?", "정말 감당이 안 된다!"라고 응수라도 할 겁니다. 그렇지 않으면 침묵을 택하는 쪽이 대다수일 겁니다. 딱히 대답할 거리가 없기 때문이죠. 부부간에는 무엇을 해야 하고, 하지 말아야 하는지 논할 필요가 없습니다. 그러나 이미 옳고 그름을 논하는 시점에 이르렀다면, 그것은 상대방을 아끼고 지켜줄 동기가 이미 사라졌음을 의미합니다.

가르치는 듯한 말투로 관계 회복을 시도하는 것은 대개 악순환의 시작을 알릴 뿐입니다. 그리고 상대방도 달리 호응할 길이 없습니다. 이런 상태에서는 한 발 더 나아가 서로를 이해할 수 없습니다. '왜 옳은 행동을 하지 않는 거야?', '왜 잘못된 행동을 하는 거야?', '왜 그렇게 도를 넘어?'라는 의미가 내포된 질의를 계속 받는 쪽에서는 '이러니까 내가 당신이랑 있기 싫은 거야'라는 생각만 더 확고히 들 뿐이죠. 그리고 갈수록 아내의 마음을 이해하려 하지 않습니다.

앞서 말했듯이 사랑이 사라지는 데는 여러 가지 원인이 있습니다. 그 원인을 이해하려면 반드시 다방면으로 살펴봐야 합니다. 때때로 그것은 무의식과 연관되어 있기도 합니다. 두 사람 사이에 세워진 벽은 절대 한 사람의 힘으로 세울 수 있는 게 아닙니다. 분명 둘이 함께 세웠을 겁니다. 그 벽을 허물려면 서로의 진심을 탐색하고, 들어가고 나올 수 있는 충분한 공간이 있어야 하며, 깊은 신뢰 또한 필요합니다. 그런데 만약 옳고 그름에 관한 판단이 동반되면 상대방에게 '당신은 아무 말 하지 말고 가만히 있어!'라고 통보하는 꼴입니다. 동시에 알게 모르게 '나는 아직 당신의 생각을 이해할 준비가 안 되어 있어'라고 보여주는 셈이죠.

◀ 페이치와 젠성의 사례 ▶

젠성의 외도를 알게 된 당시 페이치가 물었습니다. "당신은 끔찍한 잘못을 저질렀어. 이제 다 끝내고, 좋은 말로 할 때 집으로 돌아오지?" 이에 젠성은 알겠다고 답했습니다.

하지만 그 후로 젠성은 차가운 태도로 일관했습니다. 이에 페이치는 "그

짓을 해놓고 당신이 나를 이렇게 대할 자격이 있어? 내가 받은 상처 책임지고 아물게 해야 하는 거 아냐?"라고 몰아세웠습니다. 그때마다 젠성은 아무 말도 하지 않았습니다. 페이치가 흥분해 똑같은 말을 반복하자 젠성도 흥분해 답했습니다. "그래, 내가 죄인이다! 됐어?" 하고 말이죠. 그 후로 그는 페이치가 요구하는 대로 매일 동선을 보고했고, 근무시간 외에는 집에만 있었는데 산송장이나 다름없었습니다. 페이치는 말했습니다. "다 끝났어요. 사람은 집에 있지만 심장이 없어요. 몸뚱이만 있고 영혼은 없죠. 그 사람이 무슨 생각을 하는지 정말 하나도 모르겠어요."

상담사는 페이치에게 남편이 외도에 관한 생각을 말할 수 있도록 자리를 만들어보라고 권했습니다. 그러자 페이치는 답했습니다. "어떻게 해도 아무 말도 하지 않으려고 해요." 그 후 부부클리닉이 시작되었습니다. 그런데 알고 보니 페이치가 마련했다던 대화 자리는 이런 식이었습니다. "왜 그런 끔찍한 잘못을 저지른 거야?"라고 묻는 거죠. 이런 물음 앞에서 그가 어떻게 자기 이야기를 할 수 있을까요?

옳고 그름을 따지는 방식으로 대화를 시도하던 당시, 사실 페이치는 남편의 진심을 듣게 될까 봐 너무나도 두려웠습니다. 그러니까 겉으로는 소통을 시도하는 척했지만, 사실 '옳고 그름'이라는 지붕 아래 숨어 남편이 '아직 마주할 용기가 없는 말'을 하지 못하도록 막고 있었던 거죠.

남편이 내연녀에 대한 감정을 입 밖으로 꺼낼까 봐, 더 이상 자신에게 아무 감정이 없다고 말할까 봐 두려웠던 겁니다.

노력을 통해 페이치는 천천히 젠성의 생각을 들을 용기를 냈습니다. 그녀가 옳고 그름을 따지는 대화 방식을 내려놓고 소통을 시도하자 젠성도 지난 20여 년간의 결혼생활 동안 자신이 어떤 감정을 가지고 있었는지 말을 꺼냈습니다. 그는 자신이 가족의 일원으로 느껴지지 않았다고 고백했습니다. 예를 들면, 방학 때마다 페이치는 아이와 함께 어디에 갈지 미리 다 정해놓고 예약까지 마친 후에야 젠성에게 통보하는 식이었다는 거죠. 젠성은 자신이 그저 페이치가 설계한 완벽한 인생 시나리오의 일부분 같았다고 이야기했습니다.

젠성의 이야기를 듣고 페이치가 말했습니다. "나는 당신이 내가 다 결정해도 좋다고 생각하는 줄 알았어. 그게 마음에 걸렸다면, 왜 진작 말하지 않았어? 어째서 말로 표현하지 않고, 외도를 하는 방식으로 나를 벌준 거야?"

젠성이 답했습니다. "내가 그쪽으로 능력이 부족한 것 같아. 표현 능력 말이야."

두 사람을 보면 남편이 우유부단한 편이고, 소통과 표현에 능하지 못했습니다. 그는 문제를 마주하면 그냥 방치했고 많은 일을 아내에게 맡겼습니다. 그렇다고 감정이 없는 건 아니었습니다. 매번 존중받지 못한다고 느낄 때마다 감정들을 그저 쌓아두기만 했습니다. 부부는 상담 도중 이 부분을 발견하고, 자신들의 결혼생활의 문제가 무엇인지 깨달았습니다. 그들이 겪는 부부관계의 위기는 결코 한쪽에서 초래한 게 아니었습니다. 옳고 그름을 둘러싼 논쟁을 멈추고 상대방을 새로이 이해하고 난 뒤, 그들은 비로소 비난과 회피로 점철된 악순환을 멈출 수 있었습니다. 그리고 함께할 수 있는 새로운 길을 모색할 수 있었습니다.

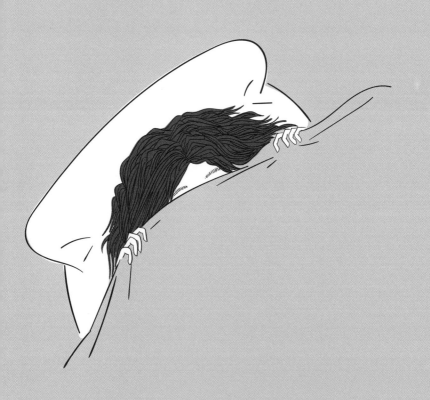

자신을
속이지 마세요

나를 대하는 상대방의 태도가 차가워지는 것 같을 때, 사람들은 저마다 각기 다른 반응을 보입니다. 불안애착형의 경우에는 상대방의 비위를 맞추려 합니다. 상대방이 멀어질수록 더 바짝 달라붙는 거죠. 분명 남편에게 분노하고 있지만, 관계를 유지하기 위해 순식간에 미소로 가장하고 상대방을 위해 더 많은 것을 하는 겁니다.

◀ 쟈안의 사례 ▶

며칠 전 밤, 쟈안은 남편과 또 다퉜습니다. 항상 같은 문제 때문이었죠. 남편은 늦게 귀가하고도 어디 갔다 왔는지 이야기해주지 않았습니다.

다음 날 아침, 쟈안이 눈을 떠보니 남편이 먼저 일어나 거실에서 신문을 보고 있었습니다. 그의 앞을 지나가면서 아침 인사를 건넸지만 거들떠보지도 않는 것 아니겠습니까.

항상 이런 식으로 싸웠습니다. 그럴 때마다 '문제가 얼마나 심각한데, 이 태도는 뭐지? 앞으로 평생 이렇게 살아야 하는 건 아니겠지?'라는 생각에 속에서 천불이 났습니다. 하지만 그녀가 취한 행동은 다소 의외였습니다.

그녀는 일단 주방으로 들어가 냉장고 문을 열었습니다. 그리고 상태가 좋은 사과 두 개를 골라 껍질을 벗겨낸 뒤 갈아서 주스를 만들었습니다. 주스를 깨끗한 유리잔에 따르고 빨대를 꽂은 뒤 두 손에 들고 거실로 가선 얼굴 가득 미소를 띠며 말했습니다. "여기, 사과주스!" 남편은 시선을 그대로 신문에 고정한 채 주스를 받아들었습니다. 그리고 애매하게 고개를 까딱였죠.

그의 반응을 보고 있자니 쟈안은 더욱 분노가 치밀었습니다. '나는 이렇게 화가 나는데, 한 마디 하고 싶은 것도 참았는데, 싸울 것도 그냥 넘어갔는데, 그 상황에서 주스까지 갈아줬는데, 이 정도면 비위 맞출 만큼 맞춘 거 아냐? 그런데도 아무런 반응도 안 한단 말이야?'

하지만 남편의 눈에 아내는 어떻게 보였을까요?

남편 입장에서는 분명 아내가 화나고 기분이 안 좋을 텐데, 웃으면서 비위까지 맞추고 있으니 어떻게 대해야 할지 감이 잡히지 않을 겁니다. 그러면 당연히 긁어 부스럼을 만드는 일은 피하고 싶으니 아내가 정말 아무렇지 않다고 믿는 쪽을 택하게 됩니다. 그녀가 웃고 있는데, 주스까지 갈아주는데, 신경 쓸 필요가 뭐가 있습니까? 이제 그는 아내가 겪을 분노와 고통은 계속 무시하고 아내가 맞춰주는 대로 대접받는 게 버릇이 됩니다.

하지만 쟈안 입장에서는 그게 결코 본인이 진심으로 원해서 한 행동이 아니었습니다. 그저 사랑을 잃을까 봐 두려워서 자신을 상대방에게 맞추도록 떠민, 일종의 습관입니다. 스스로에게 강요한 것이니 진심이 아닌 거짓인 거죠. 그 목적은 불안감을 감추기 위한 것이고요. 이런 행위는 핵심 문제를 덮어버립니다. 누군가는 남편 비위를 맞추는 걸 일종의 전략으로 생각할지도 모릅니다. 하지만 당신의 마음을 역행한다면 그 전략은 최악입니다.

많은 아내가 말합니다. 마음속으로는 남편이 너무 밉지만, 혼인관계를 정리하고 싶지 않기 때문에 연기라도 해서 살아가야만 한다고요. 그러면 상담사는 보통 이렇게 묻습니다. "그렇게 연기하는 게 의미가 있나요?" 아내들은 비통해하며 대답합니다. "밖에 나가면 다른 여자들도 다 연기를 하는데, 내가 진실할 필요가 있나요?", "남자들은 원래 여자가 달콤한 말만 하며 알랑거리는 걸 좋아하잖아요. 나도 그렇게 할 수 있다고요!"

하지만 그렇게 거짓으로 꾸며서 무엇을 얻을 수 있나요? 화가 쌓이고 쌓이다 보면 어느 순간 스스로도 소화할 수 없는 지경에 이릅니다. 한바탕 풍랑을 겪고 나면 결국 남는 건 남편에 대한 공격심밖에 없게 됩니다. 이때 공동생활체를 파괴해버리고 싶은 충동은 극에 달합니다. 이건 단순히 악순환에서 그치는 차원이 아니라 최악의 새드엔딩의 전조가 될 겁니다.

관계를 되돌리고 싶다면, 다른 방법도 많습니다. 절대로 상대방의 비위를 맞추면서 자신을 속이지 마세요.

방어는
오해를 키워요

미소로 가장하고 비위를 맞추며 살아가는 것 외에 실연당한 기혼여성들이 대응하는 전형적인 방법으로 '방어'가 있습니다.

젖먹이 아기의 본능을 예로 들어 설명해보겠습니다. 양육자의 관심과 사랑이 절박하게 필요한 상황(즉, 애정이 결핍되거나 불안정한 보호를 받고 있을 때)에서 어떤 아기는 계속 부르짖으면서 양육자의 관심을 끌기 위해 애씁니다. 반대로, 절망과 좌절을 거듭 겪다 보니 양육자와의 연결을 원치 않는 상태에 빠지는 아기도 있습니다.

전자가 앞서 다뤘듯이 애정이 결핍될수록 바짝 달라붙는 경우라면, 후자는 그와 반대되는 또 하나의 극단적인 유형입니다. 즉, 처음 잠깐은 상대방에게 맞춰보려 했다가 금세 의미가 없다고 느끼고 시도를 중단하는 겁니다. 혹은 처음부터 좌절감을 느끼고 자존심을 지키기 위해 방어 태세를 취하기도 합니다. 상대방으로부터 거부당했다는 좌절감에서 벗어나기 위해 '사실 내가 그 사람을 거부한 거야'라는 태도를 과장되게 취하는 겁니다. 속으로는 자신이 버림받았다고 느끼고 사랑을 갈구하면서, 겉으로는 상대방을 상대하고 싶지 않은 척합니다. 시선도 회피하고, 각자 따로 생활하죠. "그 사람은 그 사람대로 인생을 사는 거예요. 제가 절대 접근하지 못하게 했거든요"라고 말하기 때문에 겉으로 보면 마치 처음부터 아내가 남편을 거부한 것처럼 보입니다. 하지만 시간을 거슬러 올라가 살펴보면 아내가 남편으로부터 존재를 인정받지 못한다고 느낀 게 문제의 발단입니다. 소통이 없는 상태에서 시간이 점차 흐르면서 부부는 둘이 함께 만든 그 프레임을 믿게 됩니다. 즉, 아내가 남편을 거부하고 있는 거라고 믿는 거죠.

상담사 입장에서는 이런 경우에 해당되는 부부를 상담할 때 참으로 곤혹스럽습니다. 누가 먼저 배우자에게 거리를 두었고, 누가 누구를 거부하는 건지 명확히 구분되지 않기 때문입니다. 따라서 세심하고 날카로운 관찰이 요구됩니다. 그래야만 어느 쪽이 애초에 관심을 받지 못해 방어 태세로 돌아섰고, 어느 쪽이 처음에는 거리를 두었다가 시간이 흐르면서는 거절당하는 쪽으로 변한 건지 제대로 이해할 수 있습니다.

상대방이 멀어진다고 느낄 때 왜 방어를 할까요? 그래야만 내가 상처받지 않기 때문입니다. 내가 당신을 원하지 않으니, 당신이 거리를 두어도 나는 상처받을 일이 없는 겁니다.

하지만 방어는 두 사람 사이의 거리를 점점 더 멀어지게 만듭니다. 이것도 실연당한 기혼여성이 흔히 빠지는 악순환의 굴레 중 하나입니다. 남편은 가끔 아내에게 냉담하게 굴더라도 화목한 가정은 유지하고 싶을 수도 있습니다. 그런데 아내가 빈틈없이 방어를 하면 그나마 남은 가족관계마저 무너집니다. 그러다 보면 아내는 더 고독해집니다. 가족 내 다른 구성원(주로 아이)이 내막은 모른 채 잘못이 아내에게 있다고 여기게 되기 때문입니다. 즉, 겉으로는 아내의 마음속 상처가 보이지 않고 남편을 무조건 밀어내기만 하는 비합리적인 태도만 보이니, 부모 사이가 좋지 않은 이유가 엄마 때문이라고 생각하는 겁니다. 따라서 엄마에게 불만을 갖게 됩니다.

그러니 남편이 나를 비합리적으로 대하는 것 같더라도 복수에 집중하지 말고 일단 자신부터 통제하세요. 그렇지 않으면 아이 눈에는 당신이 비합리적인 사람으로 보일 뿐입니다. 아내이자 엄마로서 두 가지 역할을 동시에 수행하는 게 어려운 이유가 바로 이 때문입니다. 자신을 속이고 남편 비위를 맞추며 살아도 안 되지만, 반대로 지나친 방어도 옳은 방법이 아닙니다.

많은 아내가 이렇게 말하곤 합니다. "내가 그렇게 한 이유는 바로 자기보호를 위한 거예요!" 그리고는 남편으로부터 관심과 사랑, 온기를 느끼지 못하다 보니 다음과 같이 생각합니다. '그 사람이 내 인생에 하나도 도움이 되지 않는 것 같다', '결국 모든 걸 다 내가 알아서 해야 했는데 왜 그 사람을 좋은 얼굴로 대해야 하느냐'고 말이죠.

아직 이런 생각을 가지고 있다면 그건 자신을 지키는 방법을 제대로 알고 있지 못하다는 사실을 반증합니다. 기대는 내려놓고, 자신에게 알려주세요. 남편이 마땅히 해야 할 의무를 다하지 못해 내게 빚지고 있다는 생각은 버리고, 똑같이 되갚아주려는 마음으로부터 벗어나라고요.

진짜 문제는
외도가 아니에요

아내는 남편의 사랑이 느껴지지 않을 때 의심이 들곤 합니다. '다른 여자가 있는 거 아닐까?' 하고 말이죠.

"여자가 있는 건 아닌지 정말 궁금해요. 남자가 이렇게 오랫동안 성욕이 없을 수 있나요? 먼저 나를 찾은 적이 거의 없어요. 내가 먼저 다가가도 이 핑계 저 핑계 대며 피했고요."

"누구에게나 대화 상대는 한 명쯤 필요하지 않나요? 그런데 나랑 대화하지 않으면 도대체 누구랑 하는 걸까요?"

"여가활동 없이 사는 사람도 있나요? 나한테 운동을 하러 가자거나, 나들이를 가자고 한 적이 없어요. 그렇다면 근무 중이나 내가 모르는 시간을 틈타서 어딜 놀러 가는 거 아니겠어요? 도대체 누구랑 갈까요?"

이런 의심을 품고 사는 사람들은 상대방을 뒷조사하는 데 많은 시간을 할애합니다. 남편의 뒤를 쫓으려면 예전에는 남편 사무실로 전화를 하거나 직접 캐묻는 수밖에 없었습니다. 그런데 지금은 핸드폰으로 영상통화나 위치 추적을 할 수 있습니다. 또한 블랙박스를 확인하는 방법도 있습니다. 제 상담자 중에는 이보다 더 치밀한 방법을 쓰는 분도 있었습니다. 예를 들면, 자동차 연비를 체크하거나 영수증을 뒤져 특이점을 찾아내는 겁니다. 추적하자면 방법은 정말 많습니다.

하지만 이렇게 해서 부부 문제의 해결점을 찾는 경우는 거의 없습니다. 다만 내연녀가 있으면 있는 대로, 없으면 없는 대로 새로운 동력을 얻을 수 있을 뿐입니다. 이미 사랑 없는 결혼생활로 무력감에 빠져 아무것도 할 수 없는 상태였을 테니까요.

장 부인: 다른 여자가 없다는 것만 확인하면, 결혼생활을 오래 하다 보면 원래 이러려니 받아들이고 살 수 있을 것 같아요. 사실 큰일이 난 것도 아니잖아요. 사랑이 꼭 필요한가요? 부부관계 없다고 못 사는 것도 아니고, 대화는 친구랑 나누면 되고요.

상담사: 만약 다른 여자가 있다면, 달라지는 게 있나요?

장 부인: 당연히 다르죠! 다른 여자랑 사랑질 할 힘이 남아돌면 왜 그 힘을 집에서는 안 쓰죠? 정말 그렇다면 절대 이대로 참고는 못 살죠.

이 미묘한 차이 속에 어떤 심리가 반영되어 있는 걸까요?

어차피 지금 이런 관계가 정상인지 아닌지도 모르겠고, 사랑 없는 결혼생활을 자신이 원하는지 원하지 않는지도 결단을 내리지 못하겠으니 방향을 틀어보고 싶은 겁니다. 차라리 남편이 원래 남한테 사랑을 줄 줄 모르는 사람이고, 여자도 없다고 확인되면 그나마 정신적인 굶주림은 견딜 수 있는 거죠. 그런데 반대로 여자가 있다면 즉, 남편이 사랑을 줄 줄 아는 사람이라면 아내는 이제 갈 때까지 가보려 합니다. 사랑을 되찾기 위해 모든 수를 동원하죠(그러나 현실은 백이면 백 사랑을 되찾는 데까지는 이르지 못하고, 남편 마음에 불을 지핀 내연녀를 쫓아내는 데 그칩니다). 만약 내연녀를 찾아내는 데 성공하면, 마음은 아플지라도 희망이 보입니다. 지금까지의 불화는 다 그 여자 때문이었으니까요. 이제 그 여자만 처리하면 다 해결되는 겁니다.

하지만 곰곰이 생각해보면 문제의 본질이 다른 데 있음을 발견하게 될 겁니다. 내연녀의 존재가 그저 스쳐 지나가는 바람에 불과하다면 그건 남편이 주색을 좋아하거나, 성격이 물러 터졌거나, 자제력이 부족한 것이 문제인 경우가 대부분입니다. 내연녀가 본래 튼튼했던 가정을 뒤흔들어놓는 경우는 사실 극소수에 불과합니다. 정말 가정을 파탄 낼 정도로 심각한 경우는 남편이 내연녀와의 관계를 끝내려 하지 않을 때입니다. 이런 경우 보통 부부관계에 이미 문제가 있습니다. 즉, 정리해보면 본래 관계가 튼튼한 부부의 경우 내연녀는 결국 쫓아내면 그만입니다. 하지만 반대로 관계가 허약하면 이번에 쫓아내도 또 그다음이 있습니다. 설령 그다음 여자가 없다고 해도 남편이 당신에게 가까이 다가갈 일은 없을 겁니다. 그러므로 내연녀를 찾아내기 위해 남편의 뒤를 쫓는 데 기력을 쏟는 것은 그다지 의미가 없습니다. 우발적 사고처럼 일어난 외도는 문제가 그리 심각하지 않습니다. 정말 심각한 것은 '볏짚 한 가닥'이 낙타 등을 꺾어놓을 때입니다. 여기서 핵심은 낙타 등이 겨우 볏짚 한 가닥 때문에 꺾인 것은 본래 싣고 있던 짐이 너무 많았기 때문이라는 겁니다. 즉, 부부관계에 이미 문제가 있었던 거죠.

성욕이 인간의 본능을 시험하는 '지진'이라고 생각해봅시다. 건물 자체가 튼튼하면 한바탕 흔들어놓아도 결국 건재합니다. 유부남을 만나본 경험이 있는 여성 중 많은 이가 이렇게 말합니다. "항상 내게 사랑한다고 말했지만 우연히 충격적인(심지어 경악스러운) 사실을 알게 되었죠. 바로 아내와의 관계가 무척 좋았다는 겁니다." 이처럼 부부관계에 큰 문제가 없다면, 외도가 발각되더라도 보통 정리하면 그만입니다. 물론 결혼생활에 오물이 튀긴 했지만, 시간이 지나면서 깨끗이 닦아내고 관계를 회복할 수 있습니다. 그런데 반대로 애초에 부부관계가 좋지 못한 게 원인이라면, 서로 만족을 시켜주지 못하니 둘 중 하나(혹은 둘 모두)는 밖에서 온기를 찾습니다. 이 상태에서는 설령 외부 요소를 제거해도 부부관계가 호전되리라는 보장이 없습니다. 부부관계가 이미 메마른 연못처럼 황폐해졌다면, 그 안의 물고기는 물이 없으니 당연히 밖으로 튀어오를 겁니다. 다른 곳으로 가서 몸을 적시고 싶겠죠. 분개하면서 다시 잡아다 놔도 물고기는 죽을힘을 다해 다시 튀어나가려 할 겁니다. 그렇지 않으면 그냥 죽을 날만 기다리겠죠.

어째서 내연녀를 찾는 데 인생을 낭비하시나요? 어쩌면 애초에 존재하지도 않을, 상상 속의 내연녀를 말이죠. 이미 사랑 없는 결혼생활로 충분히 피폐해졌는데, 탐정 노릇까지 해야 한다면 너무 비참하지 않나요?

한 가지 사실만은 명확히 해둡시다. 결혼생활에 사랑이 없으면 그냥 말 그대로 없는 겁니다. 스스로에게 물어도 알 수 있는 사실을 굳이 내연녀를 찾아내 확인할 필요는 없습니다. '적을 처단하면', '분란을 일으킨 자만 제거하면' 사랑을 되돌릴 수 있을 것이라는 환상에 빠진 상태에서는 내연녀가 애초에 없었던 것으로 결론 나도 관계는 이미 더 악화되어 있을 겁니다. 한쪽은 잘못 울린 비상벨로 인해 불안감이 고조되어 있고, 다른 한쪽은 끊임없이 의심받아 지쳤을 테니까요. 외도를 의심하면서 한시도 눈을 떼지 않고 지켜볼수록 남편은 당신을 더 가소롭게 볼 겁니다.

한 남성이 말하더군요. "아내는 내가 사무실에 있는지 아닌지만 궁금해 했어요. 영상통화를 걸었다가 사무실에 있는 것을 확인하면 통화를 마칠 준비부터 했죠. 애초에 할 말은 없었던 거예요. 나보다 나의 외도 여부에 더 관심이 있었죠."

사랑을 잃었을 때, 전 재산을 걸어서라도 할 수 있는 모든 걸 다 해보고 싶어 하는 건 당연합니다. 하지만 판돈을 잘못 걸었다간 본래 가지고 있던 것들마저 잃을 수 있습니다.

많은 사람이 잘못 생각하는 부분이 있습니다. 만약 외도를 하는 게 아니라면 뒷조사를 해도 남편 입장에서 기분 나쁠 이유가 없을 거라고 생각하는 겁니다. 도둑처럼 제 발 저리는 사람이나 불쾌할 거라고요. 하지만 상담을 해보면 사실 그렇지 않습니다. 많은 남성이 자신의 뒤를 캐고 범죄자로 모는 태도에 강한 거부감을 가지고 있었습니다. 진정한 의미에서 관심을 받는 게 아니라 결혼을 했을 뿐인데 죄인이 된 것 같다고 했죠. 사람은 누구나 추궁당하는 것을 싫어합니다. 따라서 추궁당하는 남편의 반응을 가지고 외도 여부를 추정하려는 시도는 무의미합니다.

오랜 기간 흥신소를 통해 남편 뒷조사를 해온 어느 부인은 남편이 외도를 하지 않았다는 사실을 확인한 후 도리어 절망했습니다.

부인은 이렇게 말하더군요. "그동안 다른 여자에게 빠져서 나를 사랑하지 않는 거라고 생각했어요. 그런데 이제 보니 다른 여자가 없어도 그는 나를 사랑할 마음이 없었던 거더군요."

다른 여자를 사랑해서 나를 사랑하지 않는 쪽과 다른 여자가 없어도 나를 사랑하지 않는 쪽 중 어느 쪽이 더 비참한 걸까요?

어쨌거나 결론은 같습니다. 가장 중요한 건 자신의 감정입니다. 자신의 마음의 소리에 집중하세요. 사랑을 잃었다면 출구와 살길을 찾으면 됩니다. 적을 찾아내 없앨 생각만 하는 걸로는 문제를 해결할 수 없습니다.

지금까지 결혼생활 중 사랑을 잃은 후에 관계를 악화시키기만 하는 '무의미한 시도들'에 대해 이야기했습니다. 이제부터는 앞으로 무엇을 할 수 있는지 살펴봅시다.

4장

/

관계 회복을 위한 첫걸음,
나를 돌아보기

실연당한 기혼여성들은 '남편의 마음을 되돌리려면 어떻게 해야 하는지'를 가장 자주 묻습니다.

상담을 하다 보면 이들은 한결같이 자기 이야기를 하는 데는 관심이 없다는 걸 알 수 있습니다. 관심을 돌려 자기 이야기를 할 수 있도록 상황을 만들어주면 이내 이렇게 말하곤 합니다. "그저께 또 남편이 어디 가는지 말도 안 하고 홱 나가버렸어요. 그렇게 노력을 했는데 그 사람 행동 때문에 또 괴로워하다니, 이런 제 자신이 너무 실망스럽고 싫어요."

사실 이런 과정을 피할 수는 없습니다. 여전히 혼인관계가 유지되고 있는 상태에서 '관계 회복을 위해 노력할지 말지' 하는 선택의 문제는 계속 따라다닐 테니까요. 많은 노력을 했는데도 돌아오는 게 없으면 당연히 화가 날 겁니다. 반대로 노력을 하지 않고 그냥 '반이혼 상태'로 생각하고 살면 자신이 너무 쉽게 포기하는 건 아닌지 회의감이 들 겁니다.

이런 딜레마에 빠져있다면, 일단 이 문제가 꼬리표처럼 계속 따라다닐 수밖에 없는 문제임을 인정해야 합니다. 관계 회복을 위한 노력을 지속할 것인지, 중단할 것인지 양극단의 선택 중 내게 필요한 건 어느 쪽일까요? 이에 앞서 우선 필요한 건 자기 자신을 탐색하는 겁니다. 자신의 심리를 깊게 파고들고, 자신을 진지하게 관찰하는 거죠. 그리고 무수한 시도를 해봐야 합니다. 그래야만 자신에게 필요한 게 어느 쪽인지 알 수 있습니다.

우선 관계 회복을 위해 노력할지 말지 결정하는 방법으로 부부의 상호관계를 점검하는 것이 있습니다. 예를 들면, 부부관계에 대한 생각이나 바람을 표현한 후 상대방이 어떤 반응을 보이는지 관찰하는 겁니다. 앞서 말했듯이 모든 부부는 그들만의 역사가 있고, 불화에는 머리로만은 이해할 수 없는 다양한 원인이 있습니다. 따라서 상대방의 반응도 각기 다를 겁니다. 어떤 남편은 어느 정도 반응을 보이며, 적극적으로 개선 의지를 내비칠 수도 있습니다. 물론 정반대로 부정적인 반응을 보이는 남편도 있을 수 있습니다. 그런 이야기는 듣고 싶지 않다면서 말이죠. 더 나아가 "한 번만 더 귀찮게 하면 집에 안 들어올 줄 알아"라고 으름장을 놓는 남편도 있을 수 있습니다. 만약 반응이 좋다면, 조금씩 더 심도 있는 소통을 시도해볼 수 있습니다.

그런데 반응이 좋지 않다면 어떻게 해야 할까요? 소통을 포기해야 할까요? 여기서 한 가지 자기 점검이 필요합니다. 바로 자신의 표현 방식을 점검해보는 거죠. 매번 소통을 시도할 때마다 돌아오는 반응이 좋지 않다면, 자신의 표현 방식에 문제가 있는 건 아닌지 확인하는 겁니다. 즉, 결혼생활에 관한 감정을 표현하는 과정에서 심리적 함정에 빠져있을 수도 있고, 어떤 심리적 요인으로부터 영향을 받으면서도 미처 인지하지 못하고 있을 수도 있습니다. 관계가 이미 냉랭해진 상태에서 상대방에게 자신의 감정과 기대감을 표현할 때는 반드시 지켜야 할 원칙이 있습니다. 바로 '자신이 필요로 하는 것을 인정할 것', '비난은 피할 것', '도의와 책임에 대해선 논하지 말 것'입니다. 아주 간단해 보이지만, 무엇보다도 효과적인 원칙들입니다.

이제부터는 좀 더 구체적으로 효과적인 소통법에 관해 이야기해 보도록 하겠습니다.

자신의 소통 방식을
점검하세요

실연당한 기혼여성들은 흔히 "남편과 소통하기 위해 노력했지만 소용이 없었어요"라고 말합니다. 이 경우 보통 다음과 같은 몇 가지 문제점이 있습니다.

표현 방식

많은 사람이 "내 감정을 어떤 단어로, 말로 표현할지 늘 고민해요. 하지만 항상 뜻대로 되지 않아요"라고 말합니다. 이들은 진정한 감정은 말로 표현할 수 없으며, 말로 할 수 있는 건 진실 된 게 아니라고 생각합니다. 이런 생각이 많은 부부를 망쳐놓았습니다. 냉담해진 배우자와의 소통을 시도할 때는 "내게 관심을 가져줘, 나는 당신의 사랑이 필요해"라는 직접적인 말만이 관계 회복의 가능성을 열어

줍니다. 예전의 관계를 회복하든, 새로운 관계를 수립하든지 간에 말이죠. 어느 경우든 간에 자신이 원하는 것을 직접적으로 말할 줄 아는 용기와 진심이 필요합니다. 그러나 냉랭한 관계가 오랫동안 계속되어 굳어진 경우에는 이런 말을 입 밖으로 꺼내는 게 쉽지 않습니다. 속으로는 '오늘 저녁에 같이 밥 먹고 싶어'라고 생각하지만, 정작 입으로는 "밖에서 또 밥을 먹고 들어온다고? 집이 여관이야?" 혹은 "내가 밥은 먹고 사는지 한 번이라도 관심 가졌던 적은 있니?"라는 말이 튀어나옵니다. 가시 돋친 말은 상대방을 더 멀리 밀어냅니다. 입과 달리 마음은 사랑을 갈구하고 있는데 말이죠.

내 입장에서는 충분히 소통을 시도한 것 같은데 상대방의 반응이 좋지 않다면 자신의 소통 방식을 점검해보세요. 많은 여성이 "같이 밥 먹고 싶다고 말해봤죠. 집에서 함께 시간을 보내면 좋겠다고 표현도 해봤고요. 그런데도 말을 들어주지 않아요"라고 말하는데, 실제로 어떻게 말했는지 들여다보면 그들의 속마음은 전혀 표현되지 않았다는 것을 금세 알 수 있습니다.

자신을 보호하려다 보니 날카롭게 말하는 게 습관이 된 경우도 있을 겁니다. 물론 남편의 반응도 좋지 않겠죠. 하지만 이 경우에도 희망이 없는 건 아닙니다. 그냥 직접적으로 말해보세요. 여전히 당신을 기다린다고, 여전히 당신의 사랑을 원한다고 말이죠. 상대방의 바람은 나와 다를 수도 있지만, 적어도 독한 말로 서로를 물고 뜯는 일은 없을 테니까요. 계속 그렇게 부드러운 태도를 일정 기간 유지해나가다 보면, 상대방도 당신이 여전히 그 자리에 있고, 두 팔 벌려 그를 맞아줄 것이라는 점을 느낄 수 있을 겁니다. 아직 당신에게 조금이라도 감정이 남아있다면 말이죠.

말투

어떤 마음으로 소통을 시도했든지 간에 비난하는 말투를 쓰면 반발심만 불러일으킬 뿐입니다.

오랫동안 남편으로부터 관심과 사랑을 느끼지 못하면 아내는 무척 외로운 상태일 겁니다. 그러면 자신의 가치를 의심하게 되고, 겉으로는 아닌 척하지만 속으로는 전전긍긍하게 될 겁니다. '내게 문제가 있는 거 아닐까?', '나이 들어서 매력이 없어졌을까?', '흥미가 떨어진 걸까?' 하고 말이죠. 게다가 남편과의 대립 속에서 아내는 자신이 폄하되고 지적되고 거절당했다는 수치심에 스스로 사랑받을 가치조차 없다고 여기게 됩니다.

아내는 이런 것들을 전부 덮어두고 소통을 시도해보려 하지만, 동시에 마음 한편에서는 '대놓고 사랑을 구걸할 수는 없지', '나한테 잘해달라는 말을 어떻게 해', '직접적으로 말했다간 거절당할 게 뻔한

데'라는 생각으로 흔들립니다. 이처럼 스스로 확신이 없으면 직접적으로 마음을 표현할 길이 없습니다. 그 대신 거창한 논리가 튀어나오죠. "난 당신 가족이야. 내가 싫어도 가족을 그런 태도로 대하는 경우가 어딨어?", "내가 잘못한 게 뭐야? 내가 이 정도 했으면 당신도 도리는 다 해야 하는 거 아냐?" 이런 말들이 긍정적인 호응을 얻지 못할 것이라는 사실은 조금만 생각해봐도 누구나 알 수 있습니다. 이 상태에서는 남편과 소통하기 위해 아무리 노력해도 소용이 없다고 섣불리 결론을 내릴 수 없습니다. 사실 거창한 논리 뒤에는 아내의 자기회의, 짓밟힌 자존감, 버려질지 모른다는 두려움이 숨겨져 있습니다. 그러나 이런 소통 방식으로는 상대방에게 당신이 무엇을 바라고, 실은 당신이 얼마나 연약한 존재인지 알려줄 수 없습니다.

앞서 말했듯이 소통을 시도할 때는 자신이 무엇을 원하는지 솔직히 인정하고 표현해야 합니다. 부부학개론 수업을 하듯이 상대방을 가르치려 드는 것이 아니라 저마다의 방식으로 표현해야 합니다. 이를테면, "부부는 원래 함께 있는 시간이 필요해. 지금 그건 결혼생활을 유지하겠다는 태도가 아니야"라고 말하는 대신 "다시 예전처럼 당신과 길을 걷고 영화도 보고 싶어"라고 말하는 겁니다.

어쩌면 당신이 남편에게 바라는 것들이 다소 유별날지도 모릅니다. 하지만 그게 당신이 바라는 겁니다. 남편이 그 요구를 꼭 들어줘야 할 필요도 없고, 어떻게 해야 한다는 규정을 정해놓은 것도 아닙니다. 중요한 사실은 나의 바람이 이렇고, 남편을 기다리고 있다는 겁니다. 이런 진심들을 자신에게 익숙한 언어로 자연스럽게 표현해 보세요.

한계선

부부관계가 오랫동안 악순환에 빠져있다 보면, 서로 공격과 반격을 거듭하다가 결국 참혹한 상태에 이르게 됩니다. 이 상황에서 소통을 시도하고자 한다면, 반드시 '상대방의 어떤 부분이 도를 넘었는지' 정확히 짚어줄 줄 알아야 합니다. 하지만 여기서 한 가지 주의 사항이 있습니다. 바로 이런 행위의 목적이 자신이 받아들일 수 있는 한계점이 어디까지인지 알려주려는 것이지, 상대방을 가르치려는 게 아니라는 점입니다. 앞서 말했듯이 옳고 그름을 따지는 것은 소통에 전혀 도움이 되지 않습니다. 상대방이 '도를 넘었다'고 판단하는 근거는 공허하고 거창한 논리가 아닌 내 개인적인 감정입니다. 그러므로 당신이 느낀 부정적인 감정을 분명히 짚고 넘어가세요. 만약 상대방이 상식을 벗어난 지나친 행동을 한다면 반드시 당신이 느낀 좋지 않은 감정에 대해 냉정하고 분명하게 표현해야 합니다.

이건 마치 아이가 어른을 손톱으로 할퀼 때 제지한 후에 그 행동이 잘못되었다고 알려주는 것과 같습니다. 부모는 반드시 아이의 손을 붙잡고 단호하게 말해줘야 합니다. "네 손톱에 엄마가 긁혀서 다쳤어. 다시는 그러면 안 돼" 하고 말입니다.

이 문제를 천 부인의 사례에 대입해봅시다. 같은 회사에서 함께 일하는 천 부인과 그녀의 남편은 점심시간에 엘리베이터에서 마주쳤습니다. 그때 아내가 같이 밥을 먹겠냐고 묻자 남편은 망설이지도 않고 답합니다. "아니, 싫어" 하고 말이죠. 오랫동안 이런 관계가 지속되었다면 분명 천 부인의 마음에 커다란 상처가 남았을 겁니다. 이때 천 부인은 반드시 적당한 때를 봐서 자신의 생각을 명확히 표현해야 합니다. "그런 말투로 거절하면 마치 내가 아주 성가신 존재가 된 것 같아. 정말 당혹스럽고, 당신과 어떻게 지내야 할지 모르겠어"라며 자신이 느낀 그대로 담백하게 말을 하는 겁니다. 많은 사람이 자신의 감정을 이런 식으로 표현하는 데 익숙하지 않습니다. 상대방을 더 냉담해지게 만들까 봐 두려워하기 때문입니다. 그러나 실제 사례를 보면 담백하고 정확한 의사표현과 상호작용이 소통에 도움이 된다는 걸 알 수 있습니다. 만약 상대방이 생각 없이 한 행동이었다면 대개 자신의 행동에 경각심을 갖게 될 겁니다. 실제로 이처럼 의사표현을 한 후 대부분 상대방의 태도에 변화가 생겼습니다. 그전보다 합리적이고, 조금이나마 아내를 존중하는 방향으로 바뀐 겁니다. 한편 상대방의 마음이 굳게 닫혀 일부러 적대감을 드러내는 것이라면, 이때 역시 마찬가지로 "나는 당신이 내게 반감을 가지고 있다는 걸 느끼고 있어"라고 말하는 것만큼 의미 있는 소통법은 없습니다. 도발적인 행위는 객관적으로 짚고 넘어가야만 서로 '왜 그러는건지', '앞으로 어떻게 함께 지낼지' 등을 놓고 발전적인 소통을 이어나갈 수 있습니다.

소통을 시도할 때, 감정을 솔직히 표현할 용기도 없고, 그렇다고 삼키고만 있지도 못해 '돌려서 말하기' 전략을 쓰는 사람도 있습니다. 이를테면 "오늘도 당연히 다른 사람이랑 밥 먹느라 바쁘겠지?", "아니 글쎄, 그 여자는 맨날 남편이 자기한테만 붙어있다고 불평이야. 복에 겨운 줄도 모른다니까"라고 말하는 겁니다. 이는 정면 돌파를 회피하는 전략입니다. 그다음부터 상대방은 더 심하게 도를 넘을 겁니다. 츄 부인의 사례가 바로 그 예입니다.

츄 부인의 남편은 외도가 발각된 후에도 자주 출장을 가려 했습니다. 부인은 불안했습니다. 그래서 출장에 자신을 데려가달라고 하자, 남편은 씩씩대며 말했습니다. "잘못 한 번 했다고 죄인처럼 자유도 없이 묶여서 살라는 거야?" 이 말은 츄 부인을 뒷걸음질 치게 만들었고, 더 이상 남편과 소통을 이어나갈 수 없었습니다. 결국 남편이 출장을 갈 때마다 그녀는 매번 불안해했고, 의심했고, 한시도 마음 편히 있지 못했습니다. 남편이 돌아올 때쯤이면 초조함이 극에 달해 신경질을 부렸습니다. 그러다 보니 다툼이 끊이지 않았습니다. 시간이 지나 조금 괜찮아지면 남편은 또 출장을 갔습니다. 수차례의 상담과 노력 끝에 부인은 옳고 그름을 따지는 식의 소통을 멈추고 진지하게 자신의 감정을 표현하기로 마음먹었습니다. "불안한 마음을 도저히 떨쳐버릴 수가 없어. 당신이 출장만 가면 걱정돼. 절대 죄인을 감시하듯이 출장을 따라가겠다는 게 아냐. 정말 당신이 없는 밤이 두려워. 자꾸 다른 사람이 당신을 껴안고 있는 장면이 상상돼. 나는 이 두려움을 극복하기 위해 할 수 있는 모든 걸 하고 싶어. 불안감이 반복되는 고리를 끊을 수만 있다면 내게 큰 도움이 될 거야. 그래서 같이 출장을 가려는 거야. 당신이 조금만 이해해주면, 나도 극복하기 위해 용기를 내볼게."

얼핏 보면 별것 아닌 말 같죠. 하지만 당사자 입장에서는 이 말을 하기까지 무수한 노력이 필요합니다. 츄 부인은 이미 남편에 대한 신뢰를 잃은 상태였습니다. 그리고 자신의 말에 남편이 긍정적인 반응을 보일 거라는 확신도 없었습니다. 그러다 보니 남편과 소통할 때마다 왜곡된 방식을 택한 겁니다. 예를 들면 "상하이로 출장 간다고? 잘 됐다! 나도 마침 친구 만나러 가려고 했는데!" 혹은 "당신 내가 출장 따라가는 거 싫지? 그러면 바람을 피우지 말았어야지. 이게 다 당신이 자초한 일인데, 누구를 원망해? 당신이 그런 짓만 저지르지 않았어도 지금 혼자 신나게 출장 갈 수 있잖아!" 하고 말하는 겁니다. 이때 남편은 원래 어떤 마음가짐을 가지고 있었든지 간에 아내의 이유가 황당무계하다는 생각만 들 겁니다. '친구를 만나러 가려고 했다니, 그 말을 나보고 믿으라고?' 하고 말입니다. 그리고 끊임없이 죄를 추궁하는 걸로만 들릴 겁니다. 그러니 저항을 하고 싶어지는 거죠.

자기 두려움을
극복하세요

이상의 내용을 종합해보면, 부부 사이에 소통의 가능성이 있는지 탐색하기 전에 자신의 소통 방식부터 점검해봐야 합니다. 그리고 효과적인 소통을 하려면 자신에게 유리한 부분이나 거창한 논리가 아닌 진심에 기대야 합니다. 하지만 모든 사람이 자신의 상태와 감정을 사실 그대로 정확히 파악할 수 있는 건 아닙니다. 더군다나 결혼생활 중의 실연으로 자존감이 바닥에 떨어진 상태라면 더더욱 그렇습니다. 설령 자신을 제대로 들여다본다 해도 자기 생각을 상대방에게 객관적이고 단호하게 표현하는 건 쉬운 일이 아닙니다. 자신의 감정을 파악하고, 그것을 담담히 표현하기까지는 커다란 노력과 용기가 필요합니다. 한 글자 한 글자 내뱉을 때마다 창자가 꼬이는 듯한 고통이 느껴지기 때문입니다.

다음은 자기 두려움을 극복한 사례입니다.

셰 부인은 부부관계에 대해 남편과 소통하려 할 때마다 "그렇게 불만이 많으면 이혼해!"라는 반응이 돌아와 더 이상 소통을 이어나 갈 수 없었습니다. 이후 부인은 상담 끝에 그동안 자신이 직시하지 못한 회의감과 분노를 떨쳐냈습니다. 그리고 일정한 시간이 흐른 후, 소통을 거부하는 남편에 대한 자신의 대응이 달라졌음을 발견했습니다. 셰 부인은 이렇게 말했습니다. "내가 어떤 생각을 하고 있는지 말하려 할 때마다 당신은 이혼 이야기를 꺼냈어. 그렇게 하면 내 입을 막을 수 있었지. 왜냐하면 난 이혼을 원하지 않고, 당신을 잃고 싶지도 않으니까. 그런데 당신이 계속 그런 식으로 말하면 우리는 더 이상 함께 지낼 방법을 생각할 수 없어. 당신이 이혼으로 협박하면 나도 따르는 수밖에 없어."

말을 마친 후 부인은 이제 남편과의 관계가 끝났다고 생각했습니다. 남편이 이혼 노래를 부를 거라고요. 그런데 뜻밖에도 남편은 부인의 단호한 말에 아무런 대답도 하지 않았습니다. 그렇게 며칠이 지난 뒤 남편이 먼저 말을 걸어왔습니다. "당신도 이혼 이야기 꺼낸 적 있잖아. 싸울 때 나만 이혼 이야기 꺼낸 건 아냐. 그런데 왜 내가 이혼 이야기할 때만 심각하게 받아들이고, 내가 이혼으로 협박까지 한다고 표현하는 거야?" 부인은 남편을 가만히 바라봤고, 반격하지 않기로 마음먹었습니다. 그리고 말했죠. "그렇게 말해줘서 고마워. 당신도 홧김에 한 말이었네. 이제 조금 숨통이 트인다. 나도 당신과 이혼하고 싶지 않거든." 이렇게 말하기까지는 정말 큰 용기가 필요합니다.

집단 심리치료 시간에 셰 부인이 이런 자신의 사례를 공유하자 사람들이 놀라워하며 물었습니다. "이혼을 원치 않고 계속 같이 살고 싶다는 말을 어떻게 그렇게 담담히 할 수 있어요? 남은 패를 다 보여줬다가 남편이 만만히 보면 어쩌려고요?" 그 후 사람들은 열띤 토론 끝에 전술, 전략, 위장 따위는 절대 진심을 넘어서지 못한다는 결론을 내렸습니다. 진심을 담아 말해야 당신의 결혼생활에 희망이 생깁니다. 정말 희망이 없다면, 그때는 헤어지는 것도 방법입니다. 진실 되게 말하지 않으면 감정의 골만 깊어질 뿐입니다. 내 감정이라고 생각하고 있는 그것이 실제 내 감정이 아닐 수도 있다는 것을 꼭 기억하세요. 우리는 스스로를 공부하고, 자신의 두려움, 자존감, 경쟁심, 스스로를 기만하는 방어 심리를 이해해야 합니다. 그래야만 상대방에게 진심만을 이야기할 수 있습니다.

이즈음에서 4장 서두에 이야기한 문제를 다시 짚어봅시다. 관계 회복을 위한 노력을 지속할 것인가요, 아니면 그냥 포기하고 자신의 인생을 살 것인가요?

독립성을
기르세요

여기까지 읽은 독자라면 제가 어떤 선택을 권할지 어느 정도 예상될
겁니다. 아직 힘이 남아있다면, 좀 더 노력해보세요. 그런데 만약 지
금 너무 지쳐있고 당장은 결혼생활을 위해 많은 공을 들이고 싶지
않다면, 일단 조금이나마 남은 기력을 자신을 위해 쏟아보세요.

다시 한 번 강조하지만, 자신이 원하는 것을 인정하고, 비난은 피
하며, 진심을 표현하는 것이 소통에 도움이 됩니다. 그래야만 다시
소통의 장을 열고, 서로 존중하며 살 수 있는 가능성을 기대해볼 수
있습니다. 그런데 진짜 문제는 소통 과정에서 드러납니다. 생각지 못
한 문제들이 수면 위로 떠오를 수도 있습니다. 이런 문제들을 어떻게
마주할 건가요? 두 사람은 다시 서로 맞춰가며 살 수 있을까요? 앞
으로의 관계는 어떻게 될까요?

이런 문제들을 외면하면 평생 사랑 없는 결혼생활 속에서 허우적거리며 살 수밖에 없습니다. 반대로 직시하고자 한다면 한 가지 능력이 필요합니다. 바로 '독립성'입니다.

여기서 말하는 독립성이란 혼자 나가서 살 수 있는 능력이 아니라, 건강한 객체로서 삶을 영위할 수 있는 능력입니다.

독립할 수 있는 사람이 "당신의 사랑이 필요해"라고 말하면 상대방은 먼저 손을 내미는 표시로 받아들입니다. 반대로 독립하지 못하는 사람의 말은 구걸하는 느낌을 줍니다. '당신이 사랑해주지 않으면 난 죽어'라고 협박하는 듯한 인상을 주는 겁니다.

아직 마음이 복잡하고 가슴속에 아물지 않은 상처가 남아있어 소통에 신경 쓸 여력이 없다면, 당신에게는 장기적인 탐색과 회복의 시간이 필요합니다. 그렇다면 급하게 소통을 시도하는 것보다는 독립성부터 기르기를 권합니다. 자신의 진정한 모습을 더 잘 받아들일 수 있도록 말입니다. 그런 뒤에야 비로소 꽉 막혀있던 교착 상태를 깨고 소통을 시도할 수 있습니다.

마음을
들여다보세요

"이 결혼생활을 유지하기 위해 군이 노력할 필요가 있는지 확신이 서지 않아요." 이 또한 실연당한 기혼여성들이 흔히 고민하는 부분입니다.

정해진 답은 없습니다. 다만, 노력하기 전에 자신의 동기를 진지하게 마주해보길 제안합니다.

"남편은 저를 본체만체해요. 물론 괴롭죠. 그래도 저는 계속 아침 식사를 차려주고, 그 사람을 위해 기꺼이 많은 일을 해요." 이 말을 자세히 살펴봅시다. 남편은 거들떠보지도 않고 당신에게 상처를 줬는데, 그럼에도 불구하고 당신은 밥을 해준다고요? 무엇이 당신으로 하여금 여전히 그를 위해 '기꺼이 무언가를 하도록' 만드나요?

아주 간단합니다. 아직 사랑하기 때문입니다. 여전히 그에게 충분히 사랑할 만한 가치가 있고, 그 자체로 멋진 사람인 겁니다.

사람의 심리는 매우 복잡하기에 충분히 그럴 수 있습니다. 그런데 그보다 더 가능성이 높은 동기는 아직 부부관계에 희망을 걸고 있기 때문입니다. 계속 노력하다 보면 남편이 어떤 반응을 보일 것이라는 기대가 있는 겁니다. 혹은 그를 위해 계속 무언가를 함으로써 당신이 여전히 그 사람의 아내라는 걸 증명하고 싶을 수도 있습니다. 때로는 이런 경우도 있습니다. 상대방이 봐주질 않으니 관심을 끌기 위해 계속 노력하는 겁니다. 그런데 내가 주는 것에 비해 상대방으로부터 돌아오는 건 없는 것 같습니다. 그러면 더 많은 것을 줘서 상대방에게 빚을 지우는 겁니다. 그러다가 인내심이 바닥나면 그때는 거창한 논리를 들이댑니다. 어느 부인은 이렇게 말하더군요. "저는 할 도리를 다 했어요. 삼시 세끼 배불리 차려줬고, 옷도 반듯하게 다려줬죠. 나중에 이 관계를 끝내더라도 내 잘못은 하나도 찾지 못하게 할 거예요." 이런 의도를 가진 '노력'은 너무 무섭지 않을까요? 간단히 말해, '어차피 돈 빌려준 김에 더 많이 빌려줄게. 어디 끝까지 빚져봐. 그래야 내가 나중에 당당하게 다 돌려받을 수 있지 않겠어?'라는 심리죠. 그러면 그때 가서 내 마음은 하나도 불안하지 않을까요?

이런 '노력'은 관계의 불균형을 심화시키고, 가슴속에 쌓인 원망만 더 깊어지게 합니다. 당신은 아마 스스로 최면을 걸고 있을지도 모릅니다. 내가 아직 그를 위해 많은 일을 하고 있으니 정상적인 결혼생활을 하고 있는 중이라고요. 어쩌면 그건 소극적인 공격일 수도 있고, 자학적인 반응일 수도 있습니다. 어쨌거나 결론은 상대방을 은혜도 모르는 죄인으로 만들고 싶은 거죠.

우리는 자신과 타인을 대하는 데 있어서 스스로 어떤 동기를 가지고 있는지 반드시 인식해야 합니다. 만약 당신의 자존감이 바닥에 떨어진 상태라면, 존중받지 못할수록 무언가를 내려놓는 일이 쉽지 않을 겁니다. 이런 심리 상태에서 행해지는 '노력'은 상대방에게 죄책감을 가져야 할 것 같은 느낌을 주고, 따라서 저항하려 할 겁니다. 만약 상대방이 당신의 노력이 소극적 공격이거나 자학임을 알게 되면 당신이 계속 희생하도록 내버려 두면서 아무런 반응도 보이지 않을 겁니다. 어차피 전부 당신이 원해서 스스로 한 일이니 나는 책임질 필요가 없다고 자신을 설득하겠죠. 만약 당신의 노력이 대가를 바라는 거라면, 그래서 상대방에게 억지로 더 많은 것을 준다면 그건 강매와 다를 바가 없습니다.

극단적인 열등감을 가지고 있거나 혹은 자기애가 강한 사람은 과도한 집착 혹은 자기보호적 행위를 보이곤 합니다. 우리는 이 부분에서 본인의 특성을 이해해야 합니다. 그래야만 무엇을 하고, 무엇을 하지 않을지 이성적으로 결정할 수 있습니다.

모든 행위는 마음에서 우러나와 할 때, '희생'이라는 개념을 소멸 시킵니다.

상대방을 단단히 묶어두기 위해 무언가를 하고, 반대로 자기를 보호하기 위해 무언가를 하지 않는다면, 그건 전부 본인이 진정으로 원해서 하는 행동이 아닙니다. 모두 관계에 대한 두려움 때문에 비롯된 극단적 행위인 거죠. 부정당할까 봐 두려운 겁니다. 먼저 자신 감을 키우고 부부관계를 바라보면 자신이 더 이상의 노력을 원하는 지 아닌지가 명확히 보일 겁니다.

만약 스스로 원해서 배우자를 위해 무언가를 하고 싶다면, 계속 그렇게 하면 됩니다. 그로 인해 무기력해지거나 자존심 상해할 필요가 없습니다. 소위 현대 여성의 주체성을 강조하는 말들을 듣고 있다 보면, 결혼생활을 유지하기 위해 노력을 이어나가는 쪽은 '비주체 적'인 것만 같습니다. 실제로 많은 여성이 그런 말들 때문에 왠지 자신이 손해를 보고, 부끄러운 여성이 되는 듯이 느껴진다고 하더군요. 제 생각은 다릅니다. 본인의 감정에 충실하고, 자신이 가치 있다고 생각하는 것을 좇을 용기가 있는 사람이 진정한 의미에서 주체적인 여성 아닐까요? 그 누구도 나를 대신해 이혼 할지 말지, 남편의 사랑을 되찾기 위해 노력 할지 말지 여부를 결정해줄 수 없습니다. 진지하고 용기 있게 자신을 마주할 수만 있다면, 혼인제도 내에서 노력을 이어나가는 쪽의 주체성이 자존심 하나 때문에 그 밖으로 이탈한 사람을 뛰어넘을 겁니다. 그러나 두려움 때문에 혼인제도 내에 머무르고 있는 거라면 당신은 더 많은 현대 여성의 사례를 접하고, 주체성을 갖출 필요가 있습니다. 이 경우에는 혼인을 대피소 정도로 여기고, 자신이 더 나은 인생을 살 가치가 있음을 확신하지 못하기에 열악한 대우를 받으면서도 그 안에 머무는 겁니다.

남편은 없는 셈 치고, 내 인생을 사는 데 집중해보면 어떨까요?

'내 인생'이 무엇을 의미하나요? 당신은 홀로 여행을 떠나 남편과의 신경전 따위는 홀가분히 잊어버리고 온전히 그 시간을 즐길 수 있나요? 그렇게 할 수 있다면 더할 나위 없이 좋겠죠. 그런데 만약 여행을 가서도 '남편이 나를 찾을까?', '당연히 내 빈자리를 느끼겠지?', '이때다 싶어서 바람피우는 거 아냐?'라는 생각에 빠져있거나 울컥하는 마음에 남편에게 '나도 너 없이 잘 살 수 있다'는 것을 보여주고자 하는 의도가 있다면, 그건 자기 인생을 산다기보다는 자기 인생을 사는 척하면서 남편에게 깨달음을 주고 싶은 겁니다. 남편을 신경 쓰지 않기는커녕 더 용을 써가며 신경전을 벌이고 있는 거죠.

진정으로 스스로를 돌볼 줄 아는 사람은 남편과의 관계가 가까울 때는 가까운 대로, 멀 때는 먼 대로 인생을 즐길 줄 압니다. 자유자재로 두 상황에 적응하죠. 정신적으로 부담을 느끼거나 규칙 따위를 정해놓지 않습니다.

'너무 오랫동안 집 안에만 있었어. 그러니 나를 무시하지'라는 생각으로, 남편에게 보여주기 위해 자기 인생을 사는 척하는 건 가짜 독립입니다. 자신에게도 도움 되지 않고, 결혼생활에도 무익합니다.

결혼생활 중의 실연, 그리고 앞으로 어떻게 나아갈 것인지에 대한 문제에 있어서 답은 항상 자신에게 있습니다. 내게 맞는 답을 찾기 위한 방법은 하나입니다. 관심을 본인에게로 돌리는 겁니다. '남편이 왜 저럴까'라고 생각하는 것보다 '내가 왜 이럴까', '왜 내가 이걸 원할까', '왜 내가 그걸 원하지 않을까'라고 스스로에게 묻는 편이 낫습니다.

이런 물음을 계속 하다 보면, 많은 문제가 예전에 생각했던 것과는 다름을 발견하게 될 겁니다. 그때 비로소 자기 치유의 여정을 시작하고, 차츰 평온을 얻을 수 있습니다.

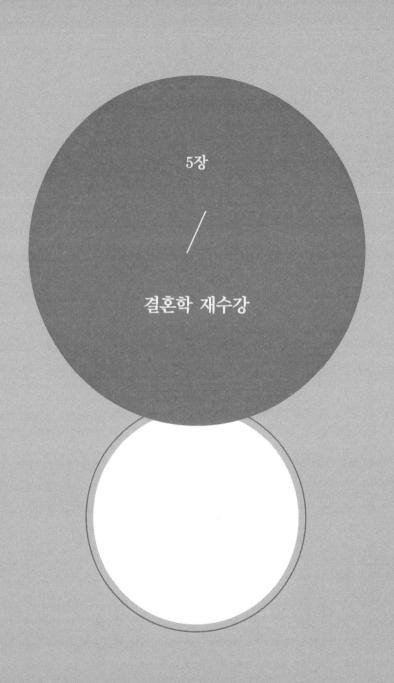

5장

/

결혼학 재수강

결혼생활 중 실연당했다는 사실을 받아들인 후, 우리는 다시 배우자와의 소통을 시도하고 그 기회를 통해 부부관계에 대한 서로의 생각을 나눌 수 있습니다. 그다음 결과는 해피엔딩일 수도, 새드엔딩일 수도 있죠. 어떤 부부는 서로 맞춰가며 다시 잘 살아갈 테고, 또 어떤 부부는 이별을 택하고 언젠가 새로운 배우자를 만날 수도 있습니다. 둘 중 어느 경우든 다시는 실패를 되풀이하고 싶지 않을 겁니다. 앞으로 원만한 결혼생활을 이어가기 위해 우리에게는 더 많은 지혜가 필요합니다.

친밀한 관계를 지속해나갈 수 있는지 여부는 성격 차이 문제에만 달려있는 건 아닙니다. 많은 부부가 처음에는 서로의 성격이 다르다는 것을 알면서도 잘 살아갑니다. 의기투합해서 공동의 목표를 향해 함께 나아가는 거죠. 그런데 시간이 지나면 감정도, 관계도 소원해집니다. 결정적으로 이런 결과를 초래하는 건 성격 차이뿐만이 아닙니다(물론 당사자들은 성격 차이 때문이라고 하겠지만요). 그보다는 두 사람을 하나로 묶고 있던 '뜻'이 갈라진 겁니다. 이번 장에서는 결혼생활에 있어서 가장 기본이 되는 '의기투합 관계'에 대해 탐구하려 합니다. 일명 '결혼심리학'이라는 전공필수 과목을 재수강하는 것이라고 볼 수 있습니다.

'결혼학' 강연을 앞두고 연단에 선 강사가 청중에게 묻습니다. "무대에 비해 청중석이 너무 어둡네요. 무대 아래쪽에도 조명을 켤까요?" 이는 일종의 강사와 청중 간의 관계에 있어서 밸런스를 찾으려는 시도입니다. 부부관계에도 이처럼 균형이 필요합니다. 각각 혼자 살던 두 사람이 함께 살 때, 한쪽이 너무 밝으면 다른 한쪽은 상대적으로 어둡게 느껴집니다. 이때 둘 사이에는 균형점을 찾을 필요가 있습니다.

혼자일 때야 무슨 생각을 하든 의지만 있다면 목표를 향해 밀고 나가면 됩니다. 그런데 둘이 되면, 상황이 크게 달라집니다. 상담을 하다 보면 많은 부부가 공동생활에 대한 불만을 토로합니다. 비유하자면 회의와 협의를 거치지도 않은 채 같이 살게 된 상황인 거죠. 결혼생활 규칙이 없는 겁니다. 사실 두 사람이 함께 살려면 서로 협의가 필요한 부분이 무척이나 많습니다.

생활습관 맞춰나가기

생활습관을 예로 들면, 두 사람의 습관은 맞을 수도 있고, 맞지 않을 수도 있습니다. 드라마를 보면 부부가 치약 짜는 방식을 두고 다투는 장면이 자주 나옵니다. 치약을 뒤에서부터 짜는지 아니면 가운데서부터 짜는지를 두고 다투는 겁니다. 혹시 이런 사소한 문제는 싸움거리가 되지 않는다고 생각하나요? 예전에 제가 한 강연에서 청중에게 '치약을 어디서부터 짤지'의 문제를 두고 배우자와 논의해본 사람을 손 들게 한 적이 있습니다. 그런데 수백 명 중 고작 3분의 1만이 그런 경험이 있다고 하더군요. 의아해서 다시 물었습니다. "그러면 다른 분들은 전부 문제가 없는 건가요?" 그러자 한 청중이 대답하더군요. "치약을 어디서부터 짤지를 두고 다툰 적은 없지만, 칫솔을 위로 향하게 꽂아둘지 아래로 향하게 꽂아둘지를 두고 다툰 적은 있어요." 그때 보니 양치 하나를 두고도 부부간에 협의해야 할 부분이 정말 많았습니다. 치약 짜기와 칫솔 놓는 방향부터 시작해 어떤 사람은 칫솔을 섞어 쓰는 문제 때문에 싸운 적도 있더군요. 아내가 싫어하는데도 남편이 자꾸 칫솔을 구분 없이 섞어 쓰는 겁니다. 또 어떤 부부는 양칫물을 사방으로 튀지 않게 하려면 어느 정도의 높이에서 뱉어야 할지를 두고 다퉜습니다. 그 밖에 양치컵은 어떻게 세척하고, 어느 방향으로 세워둘지, 곰팡이가 피면 깨끗이 닦아서 다시 사용할지 아니면 새로 살지 하는 문제도 있었습니다. 심지어 치약을 얼마나 사두어야 할지를 두고 다툰 경험도 있었죠. 이처럼 이 하나 닦는 걸 두고 부부 싸움을 해보지 않은 사람이 거의 없었습니다.

또 다른 사소한 문제로 '설거지'도 좋은 예입니다. 많은 여성이 식기를 오랫동안 물에 담가두고 싶진 않지만, 음식을 하고 나면 피곤해서 쉬고 싶다고 말합니다. 이미 음식 하느라 진이 빠진 상태에서 설거지까지 하는 건 부당하다고 생각해 텔레비전을 보고 있는 남편을 시키면, 알겠다고 답은 하지만 자기도 쉬고 싶기 때문에 일단 미루려고 합니다. 아내는 당장 설거지를 해주길 바라고, 남편은 그냥 놔두면 나중에 자기가 알아서 하겠다고 말합니다. 그러면 아내는 기분이 언짢아집니다. 설거지를 하기 싫으니 이 핑계 저 핑계 대며 미루는 걸로 느껴지기 때문입니다. 설거지 쌓아두는 걸 싫어한다는 걸 알면서도 남편이 미루는 건 아내가 하게 일부러 놔두는 거라는 생각까지 듭니다. 결국 아내는 설거지를 하면서 쉴 새 없이 투덜거립니다. 이때 성격이 내성적인 남편은 입을 꾹 다문 채 계속 텔레비전을 볼 것이고, 반대로 성격이 불같은 남편은 바로 맞받아칩니다. "내가 언제 안

한다고 했어? 도대체 왜 저러는 거야!" 이제 아내의 눈물샘이 터질 차례입니다. 그리고 이후의 분위기는 말할 것도 없겠죠.

굉장히 익숙한 장면 아닌가요?

공간의 분할과 공유

두 사람이 함께 살려면 공간을 어떻게 나눌지도 협의가 필요합니다. 공간을 어떻게 나눌지 정할 때는 기술이 필요한데, 타이베이시에 사는 부부들을 예로 들어보겠습니다. 땅값이 금값인 이곳에서 평범한 부부가 침실, 아내 서재, 남편 서재, 아이 방이 각각 하나씩 딸린 집에 살기란 쉽지 않습니다. 그에 더해 아내 드레스룸, 남편 음악 감상실까지 갖추는 건 꿈도 못 꾸죠. 보통 방 세 개에 거실 하나라고 치면, 그중 침실은 당연히 두 사람이 함께 쓰겠죠? 그런데 대부분의 가정을 보면 침실이 한 사람의 물건으로 가득 차 있습니다. 그리고 대개 그건 아내 쪽입니다. 예를 들면, 침실에 있는 화장대 위에는 아내의 화장품만 가득합니다. 왜 그 자리에 남편의 물건은 없요? 공간 분할에 있어 보이지 않는 모종의 규칙이 정해져 있는 겁니다. 옷장은 또 어떤가요? 여러분의 가정의 옷장 속에는 내용물이 균등히 채워져 있나요? 강연 도중 남성들에게 물었습니다. "옷장에 자신이 사용 중인 면적이 절반 혹은 그 이상인 분? 손 들어주세요!"라고 말이죠. 이어서 "아내가 사용하는 면적이 더 많은 분 손 들어주세요!"라고 말했습니다. 결과는 예상한 대로였습니다. 거의 모든 남성이 옷장의 대부분의 공간을 아내가 사용하고 있다고 답했습니다. 또 주방은 어떤가요? 그곳 역시 불균형적으로 사용되는 대표적인 공간이죠. 이쯤에서 여성분들의 반박이 나올 법합니다. "여기저기 자투리 공간을 제가 사용하고 있긴 하지만, 대신 남편에게는 제대로 된 서재 하나가 있는 걸요!"라고요. 비공식적인 조사 결과, 실제로 집 안에 남성이 서재나 작업실을 가진 경우가 여성보다 많았습니다.

가사나 공간의 분할에 대해 논의한 후 결혼생활을 시작하는 경우는 드뭅니다. 결혼 전에 설거지는 누가 할지, 가사는 어떻게 분담할지 상대방과 미리 의논하는 경우는 극소수에 불과합니다. 그 밖에 텔레비전 리모컨 권한을 누가 가질지, 각자 어떤 공간을 주로 사용할지 등에 대해서도 대부분 진지하게 의논하지 않습니다. 이처럼 규칙이 없는 상태에서 결혼생활은 시작됩니다. 그 후 크고 작은 부부 싸움을 겪고 나서야 한 가지 사실을 깨닫습니다. 함께 살기 시작한 첫날부터 애증을 비롯한 많은 감정이 쌓여왔다는 사실을 말이죠. '당신은 내게 빚지고 있는 거야', '난 양보하는데 당신은 왜 그러지 않아?', '왜 내게 고마워하지 않는 거야'와 같은 생각이 차곡차곡 쌓이는 겁니다. 꼭 생각해봐야 할 이 부분을 우리는 쉽게 놓치곤 합니다.

공간을 둘러싼 문제는 분할과 공유의 문제만 있는 것은 아닙니다. 개방과 폐쇄의 문제도 있습니다. 어떤 사람은 성격상 타인이 자신의 공간을 침범하는 걸 싫어합니다. 예를 들면, 소파에 앉아 텔레비전을 보고 있는데 상대방이 일정 거리 안으로 들어오면 방해를 받는다고 느끼는 겁니다. 주방에서 일을 하는데 누가 들어와 정신을 사납게 하면 싫은 것과 마찬가지라고 생각하면 됩니다. 특히 잠잘 때 이와 관련된 문제가 명확히 드러납니다. 어떤 사람은 침대에서도 자신의 공간을 정해두려 합니다. 학창 시절 책상에 선을 그어 짝꿍이 자기 영역을 침범하지 못하게 하는 것처럼 말입니다. 한 여성이 이 부분에 반응을 보이더군요. 그녀는 남편과의 사이에 긴 쿠션을 놓고 잠을 잔다고 했습니다. 그렇게 하지 않으면 남편이 잠을 못 잔다고요. 즉, 쿠션으로 선을 나눠 아내를 한쪽으로 몰아놓고 편히 자려는 겁니다.

사람마다 성격과 습관이 다릅니다. 사람들과 함께 있는 걸 좋아하는 이가 있는 반면, 그것을 불편해하는 이도 있습니다. 또 어떤 이는 상대방이 노크하지 않고 들어오는 걸 참지 못하고, 또 한편에서는 부부끼리 노크까지 해야 된다는 현실에 감정이 상합니다.

대부분의 사람들이 연애할 때는 상대방과의 거리가 최대한 가깝길 원합니다. 하지만 결혼하고 나면, 즉 평생 함께해야 한다고 생각하면 어떤 것들은 그냥 참고 넘어갈 수 없게 됩니다. 포옹을 예로 들어볼까요? 포옹처럼 아름다운 일도 잠깐이면 좋습니다. 그런데 긴 시간 동안 계속 이어지고 끝날 기미가 보이지 않으면 끈적이고, 괴롭고, 불편하게 느껴질 겁니다. 많은 사람이 "왜 연애할 때는 문제가 없었는데 결혼하고 나니 문제가 생길까요?"라고 묻습니다. 그 이유는 기본적으로 함께하는 시간이 길기 때문입니다. 따라서 상대방의 성향과 요구 사항을 이해하고, 효과적인 소통을 하기 위해 노력을 기울이지 않으면 백이면 백 많은 오해가 생기기 마련입니다. 예를 들면, 뭐든지 함께하길 좋아하는 사람은 혼자 있길 좋아하는 성향의 배우자가 자신을 거부하고 사랑하지 않는다고 오해할 수 있습니다. 그러면 그에 상응하는 조치를 해보다가 상대방을 가까이 끌어당기려고도 해보고, 비난해보기도 합니다. 그러다가 스스로 초조해지고, 점차 갈등이 생기죠.

책임의 분담

본질적으로 두 사람이 한 공간에 있다 보면 갈등이 생기기 마련입니다. 더군다나 실제로 생활을 하다 보면 더 많은 문제를 마주하게 됩니다. 예를 들면, 일상생활에서 '책임져야 할 일을 어떻게 분담할 것인가' 하는 문제가 있습니다. 만약 분담 과정에서 다툼이 생기면 어떻게 해야 할까요?

어느 한 부부의 사례를 살펴보겠습니다. 이들 부부는 매우 즐겁게 살았습니다. 적어도 아이가 생기기 전까지 말입니다. 그 전에는 책임 분담이랄 게 없었죠. 해야 할 집안일 자체가 없었으니까요. 밥은 전부 밖에서 해결했습니다. 함께 있을 때는 함께 나가서 먹었고, 각자 있을 때는 각자 알아서 먹었죠. 따라서 설거지를 할 필요도 없었고, 빨래는 전부 세탁소에 맡겼습니다. 이들 부부에게는 근본적으로 '어떤 일은 누구 책임'이라는 게 없었습니다. 청소도 사람을 불러서 했고요. 이 정도면 꿈의 커플 아닌가요? 게다가 하늘에서는 이들에게 최고의 선물까지 주셨습니다. 어느 날 갑자기 아이라는 뜻밖의 선물이 찾아온 겁니다. 그런데 아이가 태어나니 서로 짊어져야 할 책임이 상상을 초월할 정도로 많아졌습니다. 젖병을 씻고, 기저귀를 가는 나날들을 겨우 견뎌내고 나니 아이는 어른과 같은 음식을 먹을 수 있게 되었습니다. 하지만 위생과 첨가물 문제 때문에 바깥 음식을 먹이기 꺼려졌습니다. 완벽주의자인 두 사람은 결국 집에서 음식을 해결하기로 결정했습니다. 그런데 시작부터 참담했죠. 부부는 서로 그렇게 게으른지 처음 알았습니다. 서로 본인이 얼마나 설거지를 하고, 식재료를 다듬는지 세고 있었죠. 두 사람은 그룹 상담 도중 돌연 손바닥을 펴 제게 보여주었습니다. 주부습진이 생겼다면서요. 제가 "두 분 모두 주부습진이 있군요"라고 말하자, 남편이 반박했습니다. "아니요! 아내는 한쪽 손에만 있고, 저는 양쪽에 다 있어요!"라고 말입니다.

두 사람은 서로 본인이 억울하다고 생각했지만, 싸워봤자 해결되는 건 없었습니다. 이럴 때는 어떻게 해야 할까요? 그룹 내 경륜 있는 주부 9단들이 열성적으로 비법을 전수해주더군요.

팡 부인: 서로 양보하지 않을 때는 신경 쓰지 않는 척하면서 최대한 몸을 사리는 수밖에 없어요. 저 같은 경우는 주방에서 시간을 끌어요. 굳이 밥 하느라 바쁘지 않아도요. 그렇게 하면 아이를 남편한테 떠넘길 명분이 생기거든요.

이 부인: 떠넘기는 것도 기술이에요. 우리 며느리의 주 종목이죠. 며느리는 맨날 새로운 식재료에 도전해보겠다며 주방에 가서 한동안 나오질 않아요. 음식을 끓이다가 눌어붙으면 또다시 끓이고, 세 시간을 끌죠. 그리고 주방에 있는 동안 아이패드로 음악을 들어요. 그 사이에 아이를 돌보는 것은 우리 아들 몫이 되지요.

양 부인: 그런데 보통이 아닌 남편도 있어요. 우리 남편이 그렇죠. 그이는 머리를 써서 아이가 엄마를 찾는다면서 데려와요. 그런데 가만히 살펴보면 아이가 아빠를 찾을 때 엄마한테 가보자고 부추기죠. 예를 들면, 아무 책이나 펼쳐서 그림 속 동물이 코끼리라고 알려줘요. 그리고선 큰

소리로 외치죠. "엄마! 여기 와서 코끼리 좀 보세요!" 그렇게 아이는 다시 내 차지가 돼요.

젤 부인: 일단 아이가 오면 기쁘게 맞아주는 수밖에 없죠. 아이에게 나쁜 부모가 되고 싶은 사람은 없으니까요. 그래서 아이가 있는 집은 책임 분담이 쉽지 않아요.

나는 책임 분담을 못하겠다고 대놓고 선언하면 관계에 먹구름이 낄 겁니다. 그러나 주부 9단들의 말처럼 자신이 감내할 수 있는 수준에서 적당히 대처할 수 있다면 대놓고 맞붙는 것보다 낫습니다.

많은 여성이 남편과 책임 분담에 대해 이야기해보면 말이 통하지 않아 답답함을 느낀다고 합니다.

젤 부인이 사람들에게 물었습니다. "당신은 지금 집에 있고, 오늘은 걸레질을 해야 하는 날입니다. 그렇다면 당신은 남편의 귀가 시간인 5시 전에 걸레질을 끝낼 수 있도록 2시에서 4시 사이에 미리 해둘 건가요? 아니면 남편이 돌아오기 20여 분 전부터 걸레질을 할 건가요? 전자의 경우 남편이 올 때쯤이면 바닥도 다 마르고 집 안이 쾌적하겠죠. 반면 후자의 경우 아내는 엉덩이만 보이면서 엎드려 한창 걸레질을 하고 있을 테고, 물건이며 가구는 전부 흐트러져 있겠죠. 사방에는 대야와 걸레가

너저분히 놓여있고요. 대신 남편에게 내가 걸레질하고 있다는 사실을 확실히 알려줄 수 있습니다."

여러분이라면 어느 쪽을 택하겠느냐는 질문에 사람들은 그 의미를 알고 웃음을 터뜨렸습니다.

젠 부인은 말을 이어갔습니다. "우리처럼 태생적으로 착한 여자들은 본래 남편이 집에 들어와 편히 쉴 수 있도록 미리 걸레질을 해놓죠. 그런데 한 번은 제가 남편에게 커피 마신 컵을 닦아놓으라고 하자 그거 하나 못해주냐며 따지더군요. 속 좁은 여자라면서요. 그때부터 결심했죠. 남편이 돌아오기 20여 분 전부터 걸레질을 하기로요. 얼마나 불편한지 느끼게 해주고, 나도 하고 싶어서 하는 게 아니라는 걸 보여주고 싶었어요."

이상적으로는 누구나 상대방에게 현모양처가 되길 바라며, 상대방도 내가 하는 일에 만족하고, 감사해하고, 보답해주길 바랍니다. 하지만 현실에서는 상대방에게 양심이란 게 있긴 한 건지 의구심이 들게 됩니다. 어떤 경우는 양심이 있는데 표현할 줄 모를 수도 있고, 어쩌면 정말 없을 수도 있습니다. 그러면 아내들은 어쩔 수 없이 앞선 사례처럼 창의력을 발휘할 수밖에 없습니다. 악의적인 의도가 아니라면 이 또한 융통성 있게 문제를 해결하는 방법이 될 수 있습니다. 여기서 핵심은 내 마음의 균형을 찾을 수 있도록 유연하게 대처하라는 겁니다.

선 넘지 않기

책임과 관련된 것으로 '선'의 문제가 있습니다. 예를 들면, 아내가 무언가를 '응당 남편이 책임져야 할 일'로 규정했을 때 남편 입장에서 그에 공감하지 않으면 자신의 선이 침범당했다고 생각할 수 있는 겁니다. 그런데 여기서 쉽게 간과되는 부분이 있습니다. 바로 남편이 그 일을 하지 않음으로써 아내에게로 책임이 전가되었을 때, 아내 역시 선을 침범당한다는 사실입니다. 선에 관한 문제를 간과한 사람은 상대적으로 배우자와 잘 맞추며 살아가고, 반대로 상대방의 선을 침범하거나 자신의 선이 침범당해도 분간하지 못하는 사람은 벙어리 냉가슴 앓듯 마음고생하면서 어디 가서 말도 못 합니다.

내가 존중받고 있는지, 함부로 쓰이는 건 아닌지, 둘 사이의 행동에 어떤 기준이 필요한지 하는 것들도 전부 선을 긋는 문제와 연관됩니다.

소소한 예를 하나 들어볼까요? 많은 남성이 아내가 너무 많은 물건을 쟁여두고 산다고 생각합니다. 여성에 대한 선입견이라고 생각할지도 모르겠습니다만, 실제로 상담실에서 흔히 접하는 사례입니다.

남성은 아내가 왜 늘 집이 작다고 불평하면서 정작 불필요한 물건들은 버리지 않는지 이해되지 않습니다. 그렇다고 해서 아내의 동의 없이 물건들을 내버리면 아내는 자신의 선이 침범당했다고 생각할 겁니다.

또 다른 예를 살펴볼까요?

양 부인: 남편이랑 밤새 싸운 적이 있어요. 너무 화가 나는데 말싸움을 도저히 당해낼 수 없더라고요. 남편이 저보다 말을 잘하거든요. 그러고 나서 나는 잠이 안 오는데 남편은 코까지 골면서 잘도 자는 거예요. 생각할수록 분해서 시어머니께 전화를 걸었죠.

상담사: 왜 시어머니께 전화를 했죠?

양 부인: 몰라요. 그냥 화가 났으니까요. 왜 아들을 이렇게 키워놨는지 묻고 싶었어요.

아마 부인은 다툼 도중 어떻게 해도 남편이 꿈쩍하지 않자 본능적으로 그의 어머니에게 전화함으로써 충격의 강도를 높이고 싶었을 겁니다. 이런 행위에는 있는 힘껏 남편의 선을 짓밟으려는 무의식적인 목적이 숨겨져 있습니다. 그의 반응을 이끌어내고 싶은 거죠. 그러나 선을 밟은 후 뒤따라오는 여파는 부인이 감당할 수 없을 겁니다.

부부간에는 서로 절대 건드려서는 안 되는 부분들이 있습니다. 예를 들면 집안 어른에게 폐를 끼치거나, 소중한 사람을 욕보이거나, 일에 간섭하거나, 멍청하거나 못생겼다고 비하하는 겁니다. 따라서 부부간에는 서로의 '선'에 주의를 기울여야 합니다. 상대방의 선을 함부로 짓밟아서도 안 되고, 내 선 옆에 명확히 표석을 세워둘 줄 아는 기술도 필요합니다. 상대방이 실수로 밟았다가 관계를 해치는 일이 벌어지지 않도록 말이죠.

라이프스타일 조정

결혼생활 중에는 일상의 세세한 규칙들이 어떻게 정해져 있는지, 둘 사이에 갈등을 일으키는 문제는 무엇인지, 이미 문제가 고착화되어 반복되는 경우는 어떤 건지 등을 중간중간 점검해볼 필요가 있습니다.

쉬 부인: 결혼 5년 차고, 두 살짜리 아이가 있어요. 라이프스타일을 어떻게 맞췄냐고요? 남은 건 원망과 증오뿐이에요. 치약 짜기를 예로 드셨죠? 우리 집은 욕실 슬리퍼가 골칫거리예요. 남편은 제게 욕실에서 나올 때 슬리퍼 방향을 똑바로 두라고 잔소리를 해요. 아이가 보고 배

운다나요. 이런 걸 잘 배워야 나중에 시집가서 가정교육 잘 받았다는 소리를 듣는다고요. 그러면서 본인은 맨날 다 마시고 난 우유갑이나 플라스틱통을 꼭 분리수거통이 아닌 일반 쓰레기통에 버려요. 그래서 맨날 가정부한테 제가 대신 한 소리를 듣죠. "여사님! 이거 재활용해야 되는 거 모르세요?" 하고 말이에요. 남편에게 아무리 말해봐야 소용이 없어요. 그러면 이런 생각이 들죠. '난 당신이 슬리퍼를 제대로 두라고 해서 그렇게 했어. 그런데 왜 당신은 우유갑을 분리수거통에 버리라고 몇 번을 말해도 들어먹질 않는 거야?' 결국 저는 똑같이 되갚아주는 쪽을 택했어요. 일부러 슬리퍼 한쪽은 앞을 보고 다른 한쪽은 뒤를 보게 두었죠. 그리고 남편이 뭐라 하길래 당신 딸이 그런 거라고 말해버렸어요.

부부간에 라이프스타일을 맞춰나가기 위해 내가 상대방에게 맞춰주는 부분도 있을 테고, 상대방이 내게 맞춰주는 부분도 있을 겁니다. 그런데 그걸 너 한 개, 나 한 개, 즉 나는 욕실 슬리퍼, 너는 분리수거 식으로 건건이 따진다고 완벽한 평등함을 이룰 수 있는 건 아닙니다. 한 사람이 압도적으로 많은 규칙을 정한 게 아닌 이상 약간의 차이는 합리적이라고 볼 수 있습니다. 이처럼 라이프스타일을 맞춰나가는 데 있어 양적인 문제는 중요하지 않습니다. 라이프스타일을 맞춰나가는 과정에서 불만이 쌓이는 이유는 대개 한쪽의 의견과 태도가 다른 한쪽으로 하여금 지적과 폄하로 느껴지도록 했기 때문입니다. 쉬 부인의 사례로 돌아가 봅시다. 남편은 그녀에게 슬리퍼를 똑바로 놔달라고 주문하며 그 이유로 "그래야 아이가 나중에 시집가서 가정교육 잘 받았다는 소리를 듣는다"고 했습니다. 이 말을 뒤집어서 생각해보면, 그러면 쉬 부인은 가정교육을 제대로 받지 못했다는 건가요? 그리고 이는 두 가지 문제로 연결됩니다. 하나는 쉬 부인이 제대로 된 가정교육을 받지 못했으므로 그녀의 입장에서는 부모를 욕보인 겁니다. 또 하나는 자신 또한 엄마로서 딸에게 물려줄 교양이 없다는 의미입니다. 어쩌면 쉬 부인은 자신이 당한 이런 문제까지는 명확히 인지하지 못하고, 그저 자신이 지금 매우 분하고, 복수하고 싶어 한다는 것만 알고 있을 수도 있습니다. 쉬 부인의 발언을 보면, 그녀는 '자신이 가정부로부터 비난당할 수 있다는 점'을 들어 남편에게 분리수거를 요구하는 것이 합리적인 일임을 설명하고 있습니다. 여기서 자신이 혐오와 비난의 대상이 되었다는 핵심 감정이 드러나죠. 즉, 정리하자면 남편의 지적이 처음에는 일종의 스트레스를 야기했을 테고, 그 후에는 다음과 같은 과정으로 심리에 변화가 생겼을 겁니다.

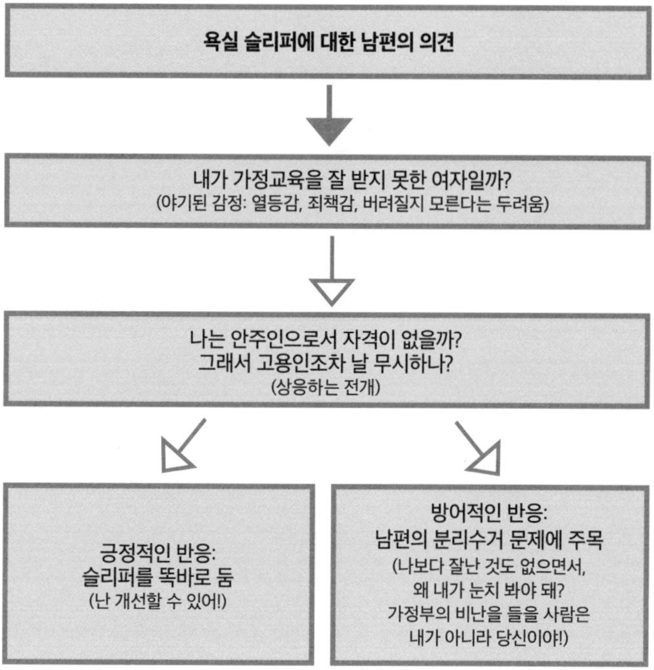

욕실 슬리퍼에 대한 남편의 의견

내가 가정교육을 잘 받지 못한 여자일까?
(야기된 감정: 열등감, 죄책감, 버려질지 모른다는 두려움)

나는 안주인으로서 자격이 없을까?
그래서 고용인조차 날 무시하나?
(상응하는 전개)

긍정적인 반응:
슬리퍼를 똑바로 둠
(난 개선할 수 있어!)

방어적인 반응:
남편의 분리수거 문제에 주목
(나보다 잘난 것도 없으면서,
왜 내가 눈치 봐야 돼?
가정부의 비난을 들을 사람은
내가 아니라 당신이야!)

<그림 1>

보통은 긍정적인 반응과 방어적인 반응 사이에서 계속 줄다리기
가 이어질 겁니다. 그런데 감정적으로 받은 자극이 클 경우, 긍정적
인 반응만으로는 쉬 부인이 받은 스트레스를 해소할 수 없습니다.
즉, 쉬 부인이 속으로 '사람들은 노력해봤자 알아주지 않아'라고 믿

고 있는 상태에서는 '슬리퍼를 제대로 놓는다고 해도 남편은 어차피 이미 내게 편견을 가지고 있어. 그게 바뀌지는 않을 거야'라고 생각할 수밖에 없죠. 그런 상태에서는 〈그림 1〉에 나오는 열등감, 죄책감, 버려질지 모른다는 두려움이 해소될 수 없습니다. 따라서 뒤이어 방어적인 반응을 취할 가능성이 큽니다. 그렇게 함으로써 자신이 감당하기 힘든 스트레스를 희석시키려 하는 거죠. 만약 줄다리기 끝에 방어 쪽이 승리를 거두면, 그때 슬리퍼를 일부러 흩트려놓는 행위가 나옵니다. '당신이 나를 무식하다고 생각하니 얼마나 무식한지 보여주지!'라는 의미를 담고 있죠(역동적 심리학에서는 이를 상대방이 자신에게 투사시킨 이미지를 흡수한 것으로 봅니다). 그리고 쉬 부인의 사례에서 그녀의 '엄마로서의 역할'에도 주목할 필요가 있습니다. 그녀는 슬리퍼를 흩트려놓은 후 남편에게 '당신 딸'이 그런 거라고 말합니다. 여기에 숨겨진 뜻을 깊게 생각해볼 필요가 있습니다. 즉, '당신 눈에는 내가 교양 없어 보이지? 당신 딸도 마찬가지야!'와 '똑바로 봐, 당신은 얼마나 가정교육을 잘했는데?'라는 말을 하고 싶은 거죠. 이때 쉬 부인은 마치 엄마라는 역할로부터 분리되어 있는 듯이 보입니다. 딸을 '내 딸'과 '당신 딸'로 구분한 후 후자로 대할 때 그녀는 더 이상 자애로운 어머니가 아닌 거죠. 이는 쉬 부인의 사례에서 진지하게 마주해야 할 또 다른 문제입니다. 바로 여성이 남편으로부터 지지를 받지 못하면 엄마로서의 역할에도 영향을 받는다는 겁니다. 두 살짜리 아이가 만약 엄마로부터 누명을 쓴 사실을 알면 기분이 어떨까요? 만약 이들 부부가 공격과 방어를 주고받는 관계를 인지하고 그로부터 헤어나지 못하면 아이도 엄마처럼 자존감이 낮은 여성으로 성장할 가능성이 큽니다. 그리고 딸 역시 남편과의 관계에서 비슷한 문제에 직면하겠죠. 그리고 문제는 또다시 그 후대로 이어질 수 있습니다. 이른바 숙명과도 같은 '세대 간의 전이'가 바로 이런 거죠.

사실 누구나 마음속 깊은 곳에 열등감, 죄책감, 버려질지 모른다는 두려움 따위가 자리하고 있습니다. 그리고 어느 부부나 비슷한 위기에 직면하죠. 그런데 왜 어떤 부부는 상대적으로 무사히 난관을 넘어갈 수 있을까요?

다시 쉬 부인의 사례로 돌아가 봅시다. 만약 남편이 슬리퍼 놓는 방식을 두고 좀 더 진지한 태도로 개인적인 선호임을 밝히며 자신의 바람을 부탁하는 식으로 말했다면 어땠을까요? "왜 그런지 모르겠지만, 나는 슬리퍼가 나란히 앞쪽을 보고 있어야 마음이 편해. 조금 웃기긴 하지만, 당신이 나를 도와줄 수 있을까?"라고 말하는 거죠. 논리를 앞세워 가정교육을 들먹이는 것보다 이 편이 훨씬 낫습니다. 아내 또한 분리수거 문제를 이야기할 때 솔직하게 "여보, 나는 분리수거를 확실히 하는 게 좋아. 당신이 좀 도와줘!"라고 말하는 게 뱅뱅 돌려서 "당신 때문에 내가 욕먹었어(즉, 사실 욕은 당신이 먹어야 해!)"라고 말하는 것보다 낫습니다.

이처럼 거창한 논리를 대며 상대방을 제압하는 게 아니라 담백하면서도 진실 되게 '나의 개인적인 호불호'를 표현하기 위해서는 충분한 자신감이 필요합니다. 자신감에 상처를 입은 적이 있는 사람은 자신의 호불호가 중요하게 받아들여질 것이라는 확신이 없기 때문에 각종 명분을 갖다 붙일지도 모릅니다. 그런데 사실 배우자가 당신의 호불호에 신경 쓸 의향이 없다면 거창한 논리는 더 듣기 싫어할 게 분명합니다. 반대로 논리를 들먹여도 받아주는 배우자라면 개인적인 선호를 말해도 충분히 통하겠죠. 어쨌든지 간에 결론은 "나는 개인적으로 이렇게 하는 게 좋아"라고 진지하게 말해보라는 겁니다. 그리고 상대방에게 협조를 구했을 때 상대방이 따라준다면 고마움을 표현해보세요. 부부간에 라이프스타일을 맞춰나가는 데 있어 꽤 좋은 방법이 될 겁니다. 상대방의 자존심과 직결되는 지뢰를 잘못 밟는 위험도 피할 수 있고, 부탁과 보답이 오가는 과정에서 서로의 자신감과 친밀도까지 높일 수 있을 테니까요.

당신의 부부관계는
어떤 유형인가요?

부부관계에는 다양한 유형이 있습니다.

주도-순종형

주도-순종형은 말 그대로 한쪽이 결혼생활을 주도하고 다른 한 쪽이 따르는 유형입니다. 이 유형의 장점은 역할이 분명하다는 겁니다. 서로 본인이 어떤 태도를 취해야 할지 잘 알죠. 이 관계를 오랫동안 유지하는 데 있어서 핵심은 순종하는 쪽이 보호받는다고 느끼고, 주도하는 쪽이 존중받는다고 느끼며, 두 사람 모두 이에 대해 충분히 만족하는 데 있습니다. 그런데 만약 쌍방의 심리적 욕구에 변화가 생길 경우에는(예를 들면 중년의 위기가 찾아오거나 가족 구조에 변화가 생겼을 때) 새로운 전환이 필요할 수 있습니다. 줄곧 순종해오던 쪽이 '자신이 존중받고 있는지'를 더 신경 쓰기 시작하거나 혹은 주도해오던 쪽이 '자신이 보호받고 있는지'를 더 신경 쓰기 시작하면 다른 유형으로의 전환이 필요한 때입니다. 하지만 이런 유형의 경우 이미 관계가 고착화되어 곧바로 변하기가 힘듭니다. 따라서 한쪽에 불만이 생기는 순간, 이미 갈등은 걷잡을 수 없이 번져있고 출구를 찾기 어렵습니다.

협력형

협력형은 평등 분업 개념에 기반한 유형으로, 둘로 나눌 수 있습니다. 하나는 고정식 분업, 또 하나는 교환식 분업입니다. 전자는 특정 일을 한쪽이 전적으로 책임지고 도맡는 것이며, 후자는 탄력적으로 돌아가며 일을 분담하는 겁니다. 고정식 분업형은 특정 부분에서 주도-순종형과 유사한 문제가 발생할 수 있습니다. 이를테면, 고정적으로 가족의 식사를 책임지던 한쪽이 어느 날부턴가 자신이 더 힘든 일을 맡고 있다고 생각하거나 자신이 만든 음식이 좋은 반응을 얻지 못하면 마음속에 불만이 생기는 겁니다. 한편 교환식(즉, 탄력적) 분업형은 웬만해선 교착 상태에 빠지거나 불만이 생길 것 같지 않아 보이지만, 현실은 결코 그렇지 않습니다. 많은 부부가 이상적으로 생각하는 유형이지만, 막상 살다 보면 기대만큼 제대로 작동하기 힘든 유형이라는 것을 알게 될 겁니다. 왜냐하면 사람의 마음과 생각은 수시로 변하기에 남편이 오늘은 기꺼이 쓰레기 버리는 일을 맡았지만 내일은 쓰레기에 손도 대고 싶어 하지 않을 수 있기 때문입니다. 자칫했다간 서로 엇박자가 나 매일같이 '오늘은 또 어떻게 가사를 분담할지' 하는 문제에 골몰할 수도 있습니다. 심지어 상대방이 정말로 원해서 하는 건지 눈치까지 봐야 합니다. 따라서 부부가 서로의 심리와 성향을 잘 이해하고 있는 경우가 아니라면, 이 유형 역시 불만이 생길 확률이 결코 낮지 않습니다. 오늘날 많은 젊은 부부들이 겪는 문제죠.

피동적 제어형

피동적 제어형은 고도로 복잡한 관계 유형입니다. 이 관계에서는 겉으로는 A가 큰소리를 내는 것 같지만, 실제로 결정권을 가진 건 설움을 당하고 있는 듯이 보이는 B입니다. 피동적 제어란, 피동적인 자세로 상대방을 통제한다는 의미입니다. 전형적인 예로 가부장적인 가정을 들 수 있습니다. 이 가정에서는 남편의 말에 토를 달아서는 안 되지만, 적잖은 아내들이 피동적, 간접적 방식으로 가족에게 영향력을 행사합니다. 예를 들면, 서럽다고 하소연하거나 눈물을 보이고 울적한 모습으로 있음으로써 결국에는 가족이 그녀의 마음을 헤아려 행동할 수밖에 없게 만드는 겁니다. 결론적으로 목소리 큰 사람보다 실권을 쥐고 있는 셈이죠. 이처럼 때로는 약자 행세를 하는 사람이 실제로는 강자이기도 합니다. 사실 자녀들은 부모 중 누가 실권자인지 명확히 알 겁니다. 이와 같은 피동적 제어형 관계의 경우 역할과 감정이 극도로 왜곡되어 있습니다. 실제로 서러워야 할 사람은 '무늬만 강자인 그 사람'인데, 오히려 그 사람은 불평하거나 서러워하지 못하죠. 한편 설움을 당하는 듯이 보이는 쪽은 가족이 순순히 자신의 뜻을 따라도 자신이 진정으로 존중받고 있다고 느끼지 못합니다. '꼭 내가 눈물을 보여야 관심을 갖지?', '당신들은 나를 진짜 생각해주는 게 아니야'라고 여기기 마련이죠. 또한 늘 가족이 자신을 진심으로 좋아하고 있지 않다고 느낍니다. 이와 같은 유형에 해당되는 부부는 불만이 쌓이기 쉽고 관계를 풀어나가기가 어렵기 때문에 보통 외부의 개입이 필요합니다. 즉, 외부 전문가가 나서서 해당 부부의 유형을 파악하고 분석한 후, 양측이 품고 있는 설움과 공격성을 끄집어내야 합니다. 그런 뒤에 새로운 상호작용 방식을 제시해줘야 합니다.

때때로 사람들은 자신이 선호하는(어쩌면 선호한다고 믿어온) 것과 다른 유형으로 부부관계를 맺고 살아갑니다. 이를테면, 자신이 협력형을 원하는 줄 알았는데 실제로는 주도-순종형 부부로 살아가는 겁니다. 이는 '상대방이 따라주느냐' 하는 문제도 있지만, 동시에 자신의 잠재의식이 어떻게 움직이는지 이해하지 못하기 때문이기도 합니다. 즉, 현대 여성들은 의식적으로는 자신이 평등하게 책임을 분담하는 '협력형'을 원한다고 생각하는 경향이 큽니다. 그러나 동시에 그중 많은 이가 내심 남편이 자신보다 더 능력 있고, 남편으로부터 보호받길 바랍니다. 심지어 무의식적으로 '남편으로부터 보호받고 사랑받는지'의 여부를 자신의 가치와 연결 짓기도 합니다. 그러다 보면 애초에 생각했던 평등한 분업은 불가능해집니다. 또한 남편에게 화가 날 때 마음속에 담긴 진짜 이유를 말하지 않다 보니 남편 입장에서도 핵심 감정에 초점을 맞춰 호응할 수가 없습니다. 그러다가 끝내는 좌절감을 느끼고, 타협하지도 못한 채 결국 회피 혹은 반격 태세를 취하게 됩니다. 이는 부부관계 유형을 생각할 때 꼭 짚어봐야 할 부분입니다.

간섭과 지지 사이에서
균형을 잡아야 해요

부부간에 불만이 생기는 것은 간섭과 지지 사이의 불균형이 원인일 때도 있습니다. 이를테면, 관계에 있어 간섭이 8할이고 지지는 고작 2할에 불과한 것으로 느껴지는 겁니다.

간섭이 8할로 느껴진다는 건, 상대방이 없을 때는 모든 게 좋다가 상대방이 나타나는 순간 부정적인 것, 내가 원치 않는 것이 따라오는 겁니다. 예를 들면, 기분이 안 좋아지고 스트레스가 동반되는 각종 요구가 생기는 겁니다.

한편 지지가 2할로 느껴진다는 건, 상대방으로부터 정작 내가 원하는 것, 즉 사랑과 배려, 인정, 도움을 얻지 못하는 겁니다.

부부가 함께 살다 보면 완전히 간섭하지 않는다는 건 불가능합니다. 그러나 간섭과 지지 사이에서 균형과 상쇄를 모색해볼 수는 있습니다. 즉, 간섭을 많이 할 경우 그만큼 지지도 많이 해주면 상대방도 어느 정도 감내할 수 있을 겁니다. 반면 지지가 적더라도 그동안 성가시게 하지 않은 걸 생각하면 대개는 불만이 상쇄됩니다. 항상 서로에게 불만인 부부를 보면, 간섭과 지지 사이에서 균형을 잃은 것을 알 수 있습니다. 둘 사이에 원치 않는 요소는 너무 많이 끼어있고, 반대로 원하는 건 거의 없는 거죠. 그렇다면 그 부분을 상대방에게 툭 까놓고 이야기하면 될 문제입니다. 그러나 실제로 상담을 해보면 많은 부부가 명확히 말을 하지 못해 다툼 도중 미궁 속으로 빠집니다. 논의의 초점을 찾은 뒤에야 "당신의 ○○○가 내겐 간섭으로 느껴져. 내게 그런 걸 주지 마" 혹은 "내게 필요한 건 ○○○야. 내게 그걸 줄 수 있을까?"라고 분명히 말할 수 있게 되죠. 그다음부터 비로소 '당신이 원하는 걸 내가 줄 수 없을까?', '나는 당신이 원하지 않는 걸 꼭 줘야만 할까?'와 같은 사고가 가능해집니다.

보통 간섭과 지지를 놓고 양측의 해석이 다를 겁니다. 많은 경우 한쪽이 상대방을 위해 한 일이 간섭이 되고, 정작 본인은 상대방이 그렇게 느낄 것이라곤 생각하지 못합니다. 심지어는 '내가 이만큼 했으니 응당 돌아오는 게 있어야 한다'고까지 생각하기도 합니다. 그럴수록 더 본인이 얻는 지지는 적게 느껴집니다. 결국 그렇게 완전히 균형을 잃고 불만이 쌓이는 겁니다.

◀ 아즈와 샤오링의 사례 ▶

샤오링: 당신은 내가 집안일을 부탁하면 꼭 죽을상을 하잖아.

아즈: 안 한다는 게 아니라, 당장 하기 싫을 때도 있잖아. 어젯밤에도 내가 맥주 좀 마시고 나서 설거지한다고 했잖아. 그런데 당신은 그걸 가지고 내가 설거지를 안 한다고 해. 그래서 내가 몇 번이나 말했잖아. 당신이 하기 싫으면 사람을 쓰자고. 우리 그 정도 여유는 있다니까!

샤오링: 둘이 하면 충분한 일을 왜 굳이 돈을 주고 사람을 써? 당신한테 부탁할 때 나도 쉬고 있는 거 아니야. 당신 부모님 일에, 아이 일에 나도 쉴 새가 없어. 당신이 좀 도와주면 어때서?

아즈: 그러니까 당신도 힘드니 사람을 쓰자고. 당신은 하루를 바쁘게 보내는 걸 좋아하잖아. 그런데 나는 가끔은 좀 쉬고 싶어. 멍하니 앉아서 머리 좀 비우고 싶다고. 일상의 낙 같은 거라고 할까. 이해하겠어?

샤오링: 팔자 좋게 낙 타령이라니. 나는 하루 종일 일 생각에 머리가 지끈거리고, 나 먼저 생각해본 적이 없어. 이런 내가 고맙지도 않지? 누구는 아침에 일어나서 음악 들으며 여유를 즐기고 싶지 않겠어? 나도 그러고 싶지만 그래도 당신을 위해 매일 도시락을 싸는 거야.

아즈: 도시락 안 가져가도 돼. 사실 안 가져가고 싶어.

샤오링: 왜 안 가져가고 싶어? 아이도 내가 싸준 도시락이 제일 맛있다고 했는데, 당신에겐 맛없다는 의미야?

아즈: 맛있고 없고의 문제가 아니야. 딱히 가져갈 필요성을 못 느끼겠다는 거야.

샤오링: 매일 얼마나 고생해서 도시락을 싸주고 있는데, 이렇게 고마운 줄도 모른다니까!

아즈: 그래, 당신 고생하는 거 잘 알고 있어. 그러니까 안 하면 되는 거 아니야?

샤오링: (울음) 나는 당신에게 쓸모없는 존재구나!

아즈: 대체 무슨 소릴 하는 거야?

샤오링: 당신이 그렇게 말했잖아. 필요 없다고!

아즈: 당신이 아니라, 도시락이 필요 없다고!

샤오링: 내가 그렇게 희생했는데, 난 얻은 게 뭐야?

아즈: 정말이지 대화가 안 된다.

샤오링: 이 은혜도 모르는 배신자!

이상은 상담 초기에 각자 자기 이야기만 하던 한 부부의 절망적인 대화 내용입니다. 그로부터 몇 개월 후, 이들은 똑같은 논쟁을 되풀이하고 있었습니다.

상담사: 다시 생각해보면 어떨까요? 남편분은 도시락이 필요하지 않다

고 하는데, 아내분은 어떻게 생각하세요?

샤오링: 도시락을 왜 안 가져가려 하는지 이해가 안 돼요.

아즈: 왜 가져가야 하는데? 당신이 도시락 싸는 걸 좋아한다고 해서 내가 꼭 가져가야 해?

샤오링: 그게 어떤 도시락인데! 열심히 채소 씻고, 다지고, 볶고, 끓여서 만든 영양만점 도시락이라고! 당신 말을 듣고 있으면 마치 내 도시락에 독약이나 폭탄이라도 든 것 같아.

상담사: 아내분께선 남편을 위해 준비한 게 독약이나 폭탄 취급을 당한 걸로 느끼셨군요.

샤오링: (흥분한 상태로) 심지어 폐물, 쓰레기가 된 것 같아요. 어쨌든지 간에 그에게 나는 그냥 넌더리 나는 존재인 거죠.

아즈: 걸핏하면 폭발하는 성격 좀 고치면 안 되겠어?

상담사: 지금 보니 남편분은 정말로 아내를 폭탄으로 생각하시는군요.

아즈: 딱히 틀린 말도 아니죠. 도시락을 먹을 때 영양분을 섭취하고 있는 건지, 원망을 한 사발 들이켜고 있는 건지 모르겠어요. 정말 더 이상 못 참겠다고요.

상담사: 남편분에게는 아내가 싸준 도시락에 든 게 영양분이 아니라 원망처럼 느껴지셨군요. 그 말을 아내분에게 직접 할 수 있나요?

아즈: 내 생각에, 도시락 말이야. 그러니까······ 그 안에는 영양분이 아

니라 원망이 담긴 것 같아.

샤오링: (그녀는 고개를 숙인 채 아무 말도 하지 않았습니다)

아즈: (아내와 상담사를 번갈아 보며) 저기, 정정할게요. 아내가 싸준 도시락은 당연히 영양가가 있죠. 아주 오랫동안 싸주기도 했고요…… 방금 그렇게 말한 건 아내 입장에서는 조금 불공평할 것 같아요.

상담사: 그렇군요.

샤오링: 그걸 이제 알았어?

상담사: 그렇다면 원망만 곁들이지 않으면 아주 훌륭한 도시락이겠네요?

샤오링: 저도 원망하고 싶진 않아요. 그런데 고마운 줄도 모르는 남편의 태도에 화가 나요.

상담사: 남편이 고마워하지도 않고, 인정해주지도 않다 보니 가슴속에 화가 쌓이셨군요. 그게 도시락에 같이 담긴 거고요.

샤오링: 그래도 제가 독을 탈 리는 없잖아요!

아즈: 아, 그러니까 고맙다는 말을 듣고 싶은 거지?

상담사: 아내분은 확실히 고맙다는 말을 듣고 싶은 건가요?

샤오링: 어차피 저이는 죽어도 그 말은 안 해요.

상담사: 그러면 남편에게 고맙다는 말을 듣고 싶다고 직접 말해보시겠어요?

샤오링: 그러죠. 나에 비하면 당신은 한 게 없으니 양심이 있다면 고맙

다는 말 정도는 할 수 있겠지?

상담사: 제가 듣기에는 처음에 하려고 한 말과 조금 다른 것 같은데요.

샤오링: 남편은 무슨 말인지 알 거예요.

상담사: 다시 한 번 말해보세요. 아내분이 원하는 것만 이야기하세요. 내가 뭘 했고, 당신이 뭘 하지 않았는지는 말할 필요 없어요. 아시겠죠?

샤오링: ······.

아즈: 보셨죠?

샤오링: 그만두죠. 아무것도 바라고 싶지 않아요.

아즈: 갑자기 왜 또 그러는데?

샤오링: 우리는 상담을 받아봤자야. 소용이 없다고.

상담사: 지금 이게 무슨 일이죠? 제 생각에는 평소와 똑같은 상황이 벌어진 것 같네요. 일단 저는 아내분에게 직접 말을 해보라고 요청했어요. 그리고 그렇게 하셨고요. 그런데 불필요한 내용이 너무 많아서 제가 중간에 짚어드렸죠. 아내분은 남편이 한 일에 대해서는 거의 인정하고 있지 않아요. 남편이 도시락에 든 정성과 영양은 생각하지 않고 원망만 보는 것과 똑같은 거죠. 아내분도 그래서 힘드셨잖아요.

샤오링: 항상 제가 틀린 것만 같아요.

상담사: 무슨 말씀인지 알겠어요. 그 부분을 말씀해주셔서 감사해요.

샤오링: 뭘요. 앞으로도 상담을 받으러 올게요. 도와주려고 그렇게 말

해보라고 시킨 거 알아요.

상담사: 이야기를 듣다 보니 이제 더 이해가 돼요. 내가 한 일이 인정받지 못할 때 화가 많이 나시는 거죠?

아즈: 많이 내는 정도가 아니라 살벌해요.

상담사: 가장 화가 많이 났을 때가 바로 그 어느 때보다도 인정이 필요했던 때였을 거예요. 그런데 막상 그런 말은 입 밖으로 꺼내기가 힘들죠.

아즈: 그렇게 나를 잡아먹을 듯이 달려든 이유가 내게 인정받고 싶어서라니 믿기 힘드네요.

샤오링: 말하는 것 좀 보세요. 저러니까 제가 원하는 걸 말해봤자 쇠귀에 경 읽기에요.

아즈: (상담사를 바라보며) 사실 고맙다고 말할 수는 있어요. 많은 일을 해주어 고맙다고요. 그런데 아내가 화내는 걸 보고 있으면……

상담사: 원망을 듣는 중에 차마 고맙다는 말을 하기는 힘들죠.

아즈: 소라는 말까지 듣는 마당에, 소가 무슨 고맙다는 말을 해요?

샤오링: 소는 부지런히 일이라도 잘하지, 누구랑 비교해!

상담사: 또 원망이네요. 서로 간에 원하는 걸 말하고 인정해줄 줄 알아야 하는데, 그걸 표현하는 통로가 꽉 막힌 것 같아요.

아즈: 아내가 지금 표현하네요. 부지런한 소 한 마리가 필요하다고요!

샤오링: (웃으면서) 내가 필요한 게 뭔지 알고는 있었구나. 그런데 사실

제가 우리 집 소예요!

아즈: 맞아, 당신 아주 부지런하지. 성내는 것도 꼭 소 같아.

샤오링: 당신이 내 성질을 탓하기 전에 부지런함에 고마워할 줄만 알았어도 집안이 더 평화로웠을지도 몰라.

아즈: 당신이 멋대로 성질만 부리지 않았어도 내가 고마워하고 있다는 걸 진작에 알 수 있었을 거야!

샤오링이 원한 건 고맙다는 말이었고, 아즈가 원한 건 원망을 받지 않는 거였습니다. 상대방으로부터 지지를 얻고 싶어 하는 마음은 좀처럼 입 밖으로 꺼내기 힘듭니다. 그러다 보니 종종 상대방에 대한 지적으로 그 모습을 위장하곤 합니다. 이럴 경우 상대방은 그 속에 담긴 바람은 끝내 듣지 못합니다. 오로지 지적과 간섭을 받는다는 느낌만 들 뿐이죠. 양측 모두 공격과 방어를 거듭하며 팽팽히 맞서는 소통의 미로를 떠돌고 있다면, 출구를 찾는 방법은 하나뿐입니다. 바로 서로가 원하고 힘들어하는 부분을 담담히 받아들이는 겁니다. 그래야만 함께 살 방법을 찾을 수 있습니다.

방어, 두려움,
그리고 숨겨진 바람

친밀한 관계는 내 마음이 무엇을 바라는지 들을 수 있게 해줍니다. 즉, 상대방으로부터 관심받고 싶고, 응원받기를 바라는 마음의 소리를 들을 수 있는 거죠. 어떤 사람은 자신의 바람을 있는 그대로 마주하고 겉으로 드러내 보일 수 있습니다. 반면 자신이 무엇을 바라는지조차 모르는 사람도 있으며, 설령 안다고 해도 표현을 못하기도 합니다. 그리고선 다른 방식으로 바람을 숨기거나 왜곡합니다. 이처럼 자신의 바람을 마주하는 자세에는 타고난 성격뿐만 아니라 성장 경험도 영향을 미칠 수 있습니다. 예를 들면, 자신이 늘 거절당한다고 느끼는 아이는 관계에 대해 두려움이 있을 겁니다. 그러면 상처받지 않기 위해 자신만의 방어법을 만들어냅니다. 하지만 자신의 바람을 두려움과 방어 아래 깊숙이 숨겨놓다 보면 다른 사람뿐만 아니라 본인

방어   두려움

깊숙이 숨겨진 바람

<그림 2>

도 자신이 무엇을 원하는지 잊게 될 수 있습니다. 두려움, 방어, 바람 따위의 요소는 〈그림 2〉와 같은 구조로 인간의 내면을 구성합니다.

부부관계에서 흔히 나타나는 두려움으로는 쓸모없어지거나 버려질지 모른다는 두려움, 이러다가 내가 만신창이가 될 것 같고, 상대방에 의해 잠식당할 것만 같은 두려움 등이 있습니다. 그리고 이런 두려움은 개인마다 타고난 성격이나 성장 경험에 따라 달라집니다. 각자의 두려움에 따라 결혼생활 중의 방어법도 달라지는데 그중 가장 흔히 나타나는 게 '노력', '공격', '시험하기', '욕구 부정', '거리감 유지'입니다.

좀 더 자세히 살펴보면, 우선 노력형은 '내가 부족해서 사랑받지 못하는 거야'라는 두려움에 저항하기 위해 최선을 다해 자신의 무결함을 증명해 보이려 합니다. 그래서 완벽히 집안일을 해내고, 절대 빈틈을 보이지 않죠. 그런데 이와 똑같은 두려움을 가졌으면서도 전혀 다른 방어법을 취하는 사람도 있습니다. 바로 아무것도 하지 않는 겁니다. 흠 잡힐 빌미 자체를 주지 않는 거죠. 즉, 못하는 게 아니라 안 하는 거라고 보여주는 겁니다. 또 다른 방어법으로 현미경을 상대방에게 들이대고 뚫어져라 결점을 찾는 게 있습니다. 함께 있는 시간을 비난하는 데 쏟아붓는 거죠. 그렇게 함으로써 상대방에게는 내 결점을 찾을 틈을 주지 않습니다. 일종의 선제공격이죠. 이처럼 자신감이 결여된 이들은 배우자에게 이런 방어 전략을 취할 겁니다.

하지만 사실 그런 두려움과 방어의 저변에는 어떠한 바람이 숨겨져 있습니다. 부부간에 (완벽히는 아닐지라도 어느 정도라도) 서로가 바라는 점을 공유하고, 인지하고, 존중해주지 못하면 양측 모두 두려움과 방어 속에서 결혼생활을 하게 됩니다. 결국 둘의 관계에는 오해가 쌓이고, 균열이 생길 수밖에 없습니다.

내 마음이 진정으로 바라는 것을 입 밖으로 표현한다는 게 결코 쉬운 일은 아닙니다. 자신이 타인으로부터 사랑받을 수 있다는 것을 확신하지 못하는 사람은 어쩌면 아주 어렸을 적부터 그렇게 생각해왔을 수 있습니다. 그런 사람이 어찌 배우자에게 사랑해달라고, 애정이 필요하다고 말할 수 있을까요? 그동안의 경험을 통해 그렇게 말하면 무시, 거부, 비웃음을 당할 수 있다는 것을 배웠는데 말입니다.

그런 바람을 표현하는 것은 스스로 무덤을 파고 들어가 굴욕을 자초하는 것과 다름없죠. 그러다 보니 방어 전략을 취하지 않을 수 없습니다. 그런데 생각을 숨기고, 침묵하고, 소극적인 방식으로 자신을 방어하면 상대방은 그 사람의 속마음을 모르니 공격에 돌입함으로써 무슨 생각을 하는지 어떻게든 캐내려 합니다. 이처럼 방어는 더 심한 반격을 불러올 수 있습니다. 그러면 방어를 하던 쪽에서는 두려움이 더 극대화되어 '역시 방어 수준을 더 높여야겠어'라고 믿게 되죠. 앞서 〈그림 2〉에 나왔듯이 방어와 두려움은 이런 식으로 서로 상호작용을 합니다.

예를 들어볼까요? '그 사람은 나를 부정적으로 생각할 거야'라는 두려움에 아무것도 하지 않으면서 몸을 사리는 방어 전략을 취하면, 상대방은 분명 그런 태도가 태만하고 형편없다며 원망할 겁니다. 그런 원망을 듣다 보면 두려움은 다시 한 번 사실로 증명됩니다. '정말로 나를 부정적으로 생각하고 있었어!' 하고 말이죠. 따라서 방어를 한층 더 강화하고, 더 깊숙이 숨습니다. 이제 상대방 측에서는 공격을 더 강화합니다. 한마디로 악순환에 빠진 거죠. 이처럼 삼각형의 한 변, 즉 두려움과 방어 쪽에 불이 붙어 두 사람의 시선이 그쪽으로만 쏠리면서 그 아래 자리한 마음속 바람은 전혀 보지 못합니다. 〈그림 3〉처럼 말이죠.

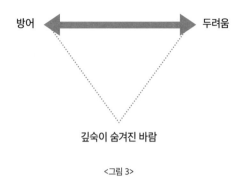

방어 ⟷ 두려움

깊숙이 숨겨진 바람

<그림 3>

여기서 또 한 가지 설명이 필요한 부분은, 삼각형의 또 다른 한 변, 즉 두려움과 바람 간의 관련성입니다. 예를 들면, 사랑받고 싶은 바람이 클수록 버려질지 모른다는 두려움이 증폭되는 겁니다. 그 이유는 바람이 생존 욕구에서 비롯되고, 만약 그런 욕구가 충족되지 못하면 그건 파멸, 더 나아가 죽음을 의미하기 때문입니다. 마치 젖먹이가 엄마의 사랑을 필요로 할 때, 그 욕구는 인생을 더 행복하게 살기 위해 추가로 필요한 사치품이 아니라, 엄마의 돌봄이 없으면 생명을 잃을 수밖에 없는, 즉 두려움으로 직결되는 문제인 것과 같습니다. 또한 반대로, 두려움이 클수록 그와 관련된 바람도 강해집니다. 두려움은 원하는 만큼 사랑을 충분히 받아야 잊을 수 있습니다. 따라서 두려움은 우리로 하여금 더욱 강렬히 욕구를 좇도록 하죠. 앞서 다룬 내용이 두려움이 방어를 불러일으킬 수 있다는 것이었다면, 지금 이야기하는 건 두려움이 바람을 증폭시킨다는 겁니다. 즉, 두려움은 방어 혹은 강렬한 바람으로 표출되며, 이는 개인의 성격, 성장 경험, 그리고 부부의 상호작용 유형 등이 모두 한데 어우러져 만들어내는 결과물입니다.

앞선 사례에서 남편 아즈가 가진 두려움은 '통제당할지 모른다'는 거였습니다. 지지는 받고 싶고 간섭은 당하기 싫은 겁니다. 기본권은 보장받고 싶은 거죠(여기서 그가 통제욕이 강하고 유쾌하지 못한 어머니 밑에서 자랐다고 해도 이해하기 어려운 일이 아닙니다). 이를 놓고 그는 반격과 후퇴를 거듭하는 방어법을 취했습니다(앞서 보았듯이 아즈는 샤오링

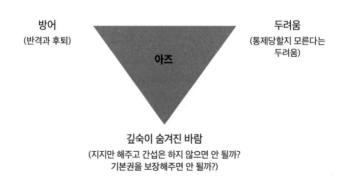

방어
(반격과 후퇴)

두려움
(통제당할지 모른다는
두려움)

아즈

깊숙이 숨겨진 바람
(지지만 해주고 간섭은 하지 않으면 안 될까?
기본권을 보장해주면 안 될까?)

<그림 4>

과의 대화에서 무대응보다는 맞대응하는 쪽을 택했습니다). 그의 심리 상태
는 〈그림 4〉와 같습니다.

반면 아내 샤오링의 입장은 어땠을까요? 그녀는 '버려질지 모른
다'는 두려움을 갖고 있었습니다. 그래서 취한 방어 전략이 '반복 재
확인'이었죠. 그녀에게는 일상에서 아무 일이 없다고 해서 정말 아무
일이 없는 게 아니었습니다. 계속해서 왜 남편이 긍정적인 신호를 보
내지 않는지 전전긍긍했죠. 그녀는 자신이 진정으로 뭘 원하는지 정
확히 몰랐습니다. 그 상태에서 집안일을 하지 않는다고 상대방을 비
난하니, 남편 입장에서는 그녀가 바라는 게 집안일을 덜어주는 것이
라고 생각한 거죠. 이때 아즈가 내놓은 해결 방안(휴식 후 설거지하거
나 사람 고용하기)은 샤오링으로 하여금 자신이 쓸모없다고 느끼게 만
들었고, 그래서 더 무기력해지고 화가 났습니다. 그녀의 감정이 어느
부분에서 크게 반응하는지 좀 더 자세히 들여다보면, 그녀가 실제
원하는 건 집안일을 더는 게 아니라 감사, 칭찬, 격려임을 알 수 있
습니다. '당신이 봐주고 고마워해주기만 하면 아무리 힘들어도 뭐든
할 수 있어'라는 심리인 거죠. 즉, 그녀의 마음속 깊은 곳에 숨겨진
바람은 관심받고, 자신의 소중함을 알아주는 겁니다. 다음 〈그림 5〉
처럼 말입니다.

방어
(반복 재확인)

두려움
(버려질지 모른다는
두려움)

샤오링

깊숙이 숨겨진 바람
(내가 뭘 원하는지 관심 가져주면 안 될까?
내 희생을 소중하고 감사하게 여겨주면 안 될까?)

<그림 5>

아즈에게는 숨 쉴 공간이 필요했습니다. 그런데 그 공간이라는 게 버려질지 모른다는 샤오링의 두려움을 자극했고, 계속해서 재확인하게 만들었죠. 그리고 샤오링의 재확인은 또다시 통제당하고 간섭당할지 모른다는 아즈의 두려움을 건드려 반격과 후퇴를 거듭하는 방어법을 취하도록 만들었습니다. 또 아즈가 화내고 맞대응할수록 샤오링의 두려움은 남편이 자신을 싫어한다는 생각으로 이어졌죠(대화 중에 그녀가 도시락을 자신의 쓸모 여부와 결부시켜 생각하듯이 말입니다). 그래서 어떻게든 무언가를 더 함으로써 사랑을 확인시켜주도록 아즈를 압박했습니다. 그런데 또 아즈는 압박을 받을수록 두려움이 극대화되어 한 단계 더 방어했습니다. 즉, 더 숨고 더 거세게 반격했죠.

두 사람 사이는 마치 꽉 막힌 하수구처럼 더 이상 그 사이로 대화가 흐르지 못했습니다.

이들 부부가 상담을 통해 한 일은 둘 사이에 이루어지는 공격과 반격 속에서 두려움과 방어를 가려내는 것이었습니다. 그리고 서로가 무엇을 원하는지 용기 있게 마주하고 받아들일 준비를 해야 했습니다. 그리고 그 속에서 상대방의 바람, 욕구가 어떻게 자신의 두려움, 방어와 저촉되는지 분명히 인식해야 했습니다.

샤오링이 남편으로부터 인정받고 싶어 했을 때, 만약 아즈가 아내를 치명적인 위협(폭탄처럼 말이죠)으로 바라보는 대신 자신의 두려움을 객관적으로 바라보고, 인정받고 싶은 아내의 욕구를 그 속에서 식별해냈다면 조금이나마 아내가 원하는 반응을 해줄 수 있었을지도 모릅니다. 사실 그런 약간의 반응만으로도 기존의 악순환에서 벗어날 수 있는 희망이 있습니다. 그렇다면 샤오링은 어떻게 해야 할까요? 그녀 또한 남편의 두려움을 제대로 인식해야 합니다. 자신이 인정받길 갈구할 때 남편이 저항하는 이유가 결코 그녀가 인정받을 가치가 없어서가 아니라, 그 과정에서 보인 자신의 행동이 남편의 두려움을 자극했기 때문임을 알아야 합니다. 즉, 남편이 자신의 두려움을 피해 달아나기에 바빠 미처 아내가 진정으로 무엇을 원하는지까지는 신경 쓰지 못했다는 사실을 말입니다. 그와 동시에 샤오링이 반드시 해야 할 일이 있습니다. 바로 상대방으로부터 버려질지 모른다는 두려움을 극복하고, 자신의 가치에 대한 회의에서 벗어나는 겁니다. 그래야 남편에게도 숨 쉴 공간을 제공하고, 아내가 자신을 있는 그대로 받아들여준다고 느낄 수 있으니까요.

부부 양측 모두 자신이 느끼는 두려움과 방어적 행위를 인지하고, 그것이 결코 상대방이 초래한 게 아님을 이해해야 합니다. 그보다는 자신의 타고난 성격이나 성장 배경이 원인일 가능성이 더 큽니다. 두려움과 방어가 더 이상 몸집을 키우지 않고 모든 시선을 빼앗아가지 않을 때, 마음속 깊이 숨겨진 바람이 비로소 모습을 드러낼 수 있습니다. 부부 상담사가 하는 일 중 하나가 바로 양측을 모두 보호하면서 그들이 지닌 두려움을 인지할 수 있도록 유도하는 겁니다. 그리고 감당할 수 있는 선에서 그들이 취하고 있는 방어 전략을 끄집어냄으로써 공격과 방어 이면에 숨겨진 두려움과 바람을 볼 수 있도록 도와줍니다. 한때 그들의 사랑이 머물렀던 바로 그 지점을 함께 찾아내는 겁니다.

(마음속에 내재된 두려움, 방어, 바람을 다루는 일은 무의식과 연결된 문제입니다. 따라서 아직 심도 있게 심리 탐색을 해본 적이 없는 부부라면 전문가의 도움이 필요합니다.)

부부관계는 실망을 통해
성장할 수 있어요

많은 부부가 오랫동안 방어 모드에 갇혀 답보 중이면서도 막상 이면에 숨겨진 바람이나 기대는 보고 싶어 하지 않습니다. 이는 혹시 모를 실망을 어떻게 마주해야 할지 모르기 때문입니다.

부부가 서로 결혼생활에서 무엇을 기대하는지 이해해야 된다고 하지만, 말이 쉽지 실제로는 큰 도전입니다. 일단 내가 기대하는 것부터 이해해본다고 칩시다. 어느 부분이 충족되고, 어느 부분이 충족되지 않았나요? 이제 입장을 바꿔 상대방의 기대를 이해할 차례입니다. 상대방이 내게 기대한 것 중 어떤 게 충족되고, 어떤 게 충족되지 않았나요? 여기까지 이해하고 나면 문제가 커집니다. 상대방이 나를 만족시킬 수 없거나, 내가 상대방을 만족시킬 수 없다는 사실을 마주했을 때, 이제는 어떻게 해야 할까요?

'당신은 내가 기대한 그런 사람이 아니야'라는 소리를 듣는 것과 '난 당신이 기대한 그런 사람이 아니야'라고 말하는 것 중 어떤 게 더 충격이 클까요?

우선 내가 원하는 걸 상대방이 줄 수 없다는 사실을 알았을 경우에 대해 이야기해봅시다. 상대방이 약간의 성의나 미안함을 표시하고 단점을 보완하기 위해 노력하면, 대개는 이상과 현실 간의 괴리를 어느 정도 받아들일 수 있을 겁니다. 그런데 반대로 상대방이 원하는 걸 내가 줄 수 없을 때는 자존심이 무너지다 못해 화가 납니다. 그리고 분노는 관계에 있어 가장 넘기 힘든 벽을 만듭니다. 결혼생활을 순조롭게 유지해나가는 부부들을 인터뷰해보면, 그들은 자신이 상대방에게 완벽한 남편 혹은 아내가 되지 못한다는 현실을 담담히 받아들였습니다. 그리고 상대방이 이상을 품을 수 있다는 사실을 인정하며, 현실 관계에 존재하는 실망감에 함께 맞섰습니다. 반면 결혼생활이 안정적이지 못한 부부는 자신이 상대방 눈에 완벽하지 않을 수 있다는 사실을 받아들이지 못했습니다. 상대방이 조금이라도 실망한 기색을 보이면 곧바로 좌불안석이 되어 방어나 반격에 나섰죠. 그러면 상대방도 자신의 기대를 감추거나 똑같이 방어하고 공격했습니다.

우리는 누구나 배우자로부터 모든 면에서 인정받고 싶어 합니다.

하지만 그건 젖먹이가 무조건 '내가 최고야!'라고 해달라는 것과 같습니다. 전능함을 꿈꾸는 망상인 거죠. 현실 세계에서 부부는 서로에게 실망할 수도 있고, 만족하지 못할 수도 있습니다. 그렇다고 해서 세상이 끝나는 게 아닙니다. 그저 서로가 무엇을 원하는지, 그걸 줄 수 있는지 없는지 이해하되, 약간의 실망감은 허용하고, 서로의 장점만 기억하면 됩니다. 그래야 심리적 관계를 오랫동안 유지해나갈 수 있습니다.

나 자신부터
챙기세요

결혼 문화는 시대별, 지역별로 많이 다릅니다. 그런데 여전히 가부장
적인 문화가 남아있는 곳에서는 남녀 모두 결혼할 때 너무나도 왜곡
된 인간의 본성과 마주해야 합니다. 바로 대다수의 미혼여성이 결혼
후 남성의 구애와 보살핌을 받길 바라며, 평등한 관계를 유지하며 살
연습은 하지 않은 채 그가 지금 내게 잘하니 결혼 후에도 변함없을
거라고 생각하는 겁니다. 그야말로 심각한 결과를 초래할 수 있는 엄
청난 착각을 하고 있는 셈입니다.

　부녀자들이 즐겨 보는 텔레비전 프로그램이나 인터넷 기사에서
는 철이 덜 들고 결혼한 후에도 마음을 다잡지 못하는 남성을 자주
소재로 다루곤 합니다. 실제로 그런 남성이 흔한 것도 사실입니다.
그런데 상담실에서 만난 남성들의 이야기를 들어보면 철이 덜 든 아

내 때문에 인내심이 한계에 도달했다고 하소연하는 이들이 적지 않습니다. 아내가 마치 어린아이처럼 실용적이지 못한 일에나 신경 쓰고 온종일 자기한테만 관심을 가져주길 바란다는 거죠. 이를 통해 남녀 모두 상대방이 결혼 후 성숙하고 어른답게 행동하길 바란다는 점을 알 수 있습니다. 그런데 중요한 건, 두 사람 모두 '자신이 성숙하고 진정한 어른인지'에 대해 생각하고 노력해본 적이 있을까요?

타이완 남성들은 보통 결혼해서 가정을 꾸림으로써 인생이라는 퍼즐이 비로소 완성된다고 생각하고, 결혼 후 편히 살 수 있을 것으로 기대합니다. 이 말인즉슨, 연애 때와는 달라질 것이란 이야기입니다. 따라서 자신이 백마 탄 왕자님과 결혼한 줄 아는 환상을 품은 여성일수록 실망감이 커질 겁니다.

이처럼 한쪽이 어린아이처럼 보호받길 바라고, 서로 조율해나가는 방법을 찾지도 못한 상태에서 '진짜 아이'가 태어나면 부부관계에 또 다른 변화와 시련이 불어닥칩니다. 아이를 키우면 당장 해야하는 일이 산더미처럼 쌓이기 때문에 결코 쉽지 않습니다. 이 단계에서부터 문제가 발생한 부부는 이제 예전처럼 사랑하던 때로 돌아가고 싶지 않은 게 아니라 아이를 돌보느라 배우자에게 신경 쓸 여력이 없습니다. 이때 만약 한쪽이 철이 덜 든 행동을 하면 원망은 걷잡을 수 없이 커집니다.

여자 입장에서는 관계의 일상화, 보호감 상실, 임신으로 인한 각종 불안감과 심리적 충격을 미처 다 수습하지도 못한 상태에서 아이를 낳으면 그때부터는 주변 사람들이 엄마 노릇을 잘하는지 지켜봅니다. 그래서 열심히 아이 돌보는 법을 익히면 사람들은 절로 된 줄 압니다. 잘하면 당연한 거고, 못하면 이상한 겁니다. '무슨 여자가 기본도 안 되어있어?'라는 식이죠. 얼마나 수많은 여성이 이 과정에서 우울감에 빠졌는지 모릅니다. 산후우울증부터 시작해 갱년기를 거치고, 자녀들이 성장해 하나둘 집을 떠나면서 상실감을 느끼는데, 그 중간에 어떤 전환점이 주어지지 않으면 인생 전체가 어긋납니다. 현대 사회에서 올드미스들은 결혼도 안 했고 아이도 없지만 대부분 양호한 심리 상태를 유지하며 잘 살아갑니다. 그런데 기혼여성들은 결혼 후 절반이 암울해지고, 또 그중 절반이 아이를 낳으면서 더 처참한 상황에 빠지죠. 올드미스보다 사정이 더 딱한 겁니다.

그렇다면 결혼 이후 지속되는 우울감에서 벗어나는 데 무엇이 전환점이 될 수 있을까요?

우선, 독립적으로 사고하고 정확히 판단하는 법을 익히세요. 여자로 살다 보면 늘 귓가에 온갖 회의 섞인 소리가 맴돕니다. 예를 들어, 엄마 역할을 해내고 나면 자아실현은 했는지 묻는 소리가 들립니다. 그리고 자아실현을 하고 나면 또 가정은 잘 돌봤는지 물어오죠. 어떤 게 맞는지는 사람마다 답이 다를 겁니다. 중요한 건 그런 회의적인 물음 속에서 내가 가야 할 방향이 어디인지, 내 판단력을 흐리게 하는 건 무엇인지 가려낼 줄 알아야 한다는 겁니다. 그렇지 않으면 자기 인생의 주인이 되지 못하고 불행해지기 쉽습니다. 여자 인생에 결혼과 아이가 필수는 아닙니다. 하지만 결혼했고, 아이가 있다면, 스스로 온갖 회의적인 물음 속에서 벗어나 운명을 개척할 수 있는지의 여부가 인생의 만족도를 결정합니다.

다음으로, 나 자신은 스스로 챙기세요. 나 자신을 열심히 챙기고, 돌보고, 책임지는 것이 지극히 정상이라는 사실을 한 치의 의심도 없이 믿어야 합니다. 간단한 이야기처럼 들리지만, 결혼생활을 오랫동안 한 여성들은 그게 왜 힘든지 알 겁니다.

부부클리닉을 받기 위해 찾아온 한 부인이 이렇게 말하더군요. "엄마가 된 후로 나는 관심 밖이었어요. 배가 아파서 미간을 찌푸리고 있으면 남편도, 시부모님도 이렇게 묻더라고요. '어디 아프니? 그러면 아이 밥은 어쩌지?' 하고 말이에요. 내 몸이 안 좋은데, 아이 밥을 묻는 겁니다. 기분이 안 좋았죠. 그래서 뭐라 하건 말건 내 문제부터 해결했어요. 그래야 내가 계속 힘을 낼 수 있거든요."

아직도 자신의 정체성을 '아내'로만 규정짓고, 관심 가져주기만 기다리고, 자신이 원하는 것을 타인에게 기대한다면 당신의 결혼생활에는 분명 먹구름이 드리워질 겁니다. '나 정도면 알아서 챙겨주겠지'와 같은 생각은 절대 갖지 마세요.

나 자신을 돌보는 걸 두고 이기적이라고 비난하는 사람도 있을지 모르겠습니다. 아내 혹은 엄마답지 않다면서요. 신경 쓰지 마세요. 욕은 삼키면 그만입니다. 나 자신부터 잘 챙겨야 상대방에 대한 요구와 원망이 줄어듭니다.

계속해서 스스로에게 주문을 거세요. '나는 내가 진정으로 원하는 걸 선택할 것이고, 내 선택을 즐길 것이다'라고 말이에요. 타인이 나를 쥐락펴락하거나 등 떠밀도록 내버려 두지 마세요. 타인이 인정해주고 고마워해주길 바라며 그 대가로 나를 팔아넘기지도 마세요. 그 누구보다 먼저 나 자신에게 잘해주고, 남을 원망하지 않도록 컨디션을 잘 유지해야 합니다. 스스로를 서럽게 만든 후 타인에게 보상을 기대하는 건 무책임한 행동입니다. 자신을 억압하고 속박하고, 자신으로부터 즐거움을 빼앗으며, 자신을 쉬지 못하게 하는 건 전부 올바른 사랑법이 아닙니다. 반드시 속에 화가 쌓일 테니까요. 내가 화가 나있으면 가족은 내게 거리를 둘 수밖에 없습니다. 많은 여성이 타인의 기대에 부응하고 싶어 합니다. 마치 그렇지 않으면 쓸모가 없어지는 듯이 말입니다. 그래서 자신을 쥐어짜죠. 그러다가 결국 입만 열면 한탄입니다. 우리 어머니 세대를 보세요. 한평생 가정을 위해 희생했지만, 자식들은 가까이 다가가지 못하죠. 어머니를 사랑하지만, 멀리 떨어져 있으려 합니다. 왜냐하면 '내가 얼마나 고생했는데……'라는 말을 입에 달고 사니까요. 가족은 그로부터 오는 무게, 죄책감을 감당할 방법이 없으니 그저 멀찌감치 떨어져 어머니를 사랑할 뿐입니다.

이상으로 자신부터 챙기라는 말씀을 드렸지만, 그렇다고 해서 꼭 결혼생활이 행복할 것이란 보장은 없습니다. 나 자신을 잘 돌봐도 상대방은 불만을 가질 수 있습니다. 앞서 후이잉의 사례에서 보았듯이 자유롭게 사는 아내가 자신을 위해 더 많은 노력을 기울이지 않는다고 불만인 남편도 있을 수 있는 겁니다. 그럴 때는 수시로 자신을 점검해보는 것도 좋습니다. 다른 가족, 친구에게 물어보면 내가 희생이 부족한지, 상대방이 바라는 게 많은 건지 확인할 수 있을 겁니다. 그렇게 상황을 점검한 뒤 자신의 한계선을 조정하면 됩니다. 어쨌든 간에 자신의 마음속부터 살펴 원망을 품지 않도록 하는 것이 우선입니다. 상대방의 원망을 풀어주기 위해 노력하는 건 그다음의 일입니다. 내 쓰레기통이 꽉 찬 상태에서 남의 쓰레기를 처리해줄 수는 없으니까요.

서로를 증오하고 원망하며 살고 싶지 않다면 나 자신부터 챙긴 뒤 타인을 돌봐야 합니다. 이는 솔로의 경우도 마찬가지입니다. 사람은 자기 인생을 스스로 책임질 줄 알아야 합니다.

6장

/

당신은 정말 실연당했나요?

당신이 그를
사랑하지 않는 건 아닌가요?

시몬 드 보부아르는 두 사람이 장점이 아닌 결점으로 한데 묶이고, 주는 것을 즐기기보다는 서로 요구하기만 하는 것이 결혼에 내려진 저주라고 말한 바 있습니다.

당신의 결혼생활은 어떤가요? 늘 자신이 무언가를 주고 있지만 즐겁지 않다면 그건 분명 의식적 혹은 무의식적으로 상대방에게 요구하는 게 있는 겁니다. 앞서 보았듯이 고마워해주길 바라고, 인정해주길 바라는 것도 일종의 요구죠. 사랑, 충성을 원하는 것도 전부 요구의 범주에 해당됩니다.

배우자에게 요구하는 것들은 대개 자신의 심리적 불안감을 해결하기 위한 것들입니다. 자신이 무능하다는 두려움을 갖고 있는 사람은 상대방의 우유부단함을 참지 못합니다. 어릴 때 부모님으로부터 버림받은 사람은 유독 배우자가 자기만 바라봐주길 바라죠. 사실 결혼의 저주는 보부아르가 말한 것 그 이상입니다. 두 사람은 결점으로 한데 묶이는 정도를 넘어 그 결점을 서로에게 전가하고 흡수하며 크게 키울 수도 있기 때문입니다. 어둠이 빛에게 시집갔다 치죠. 그런데 더할 나위 없이 밝은 줄 알았던 빛의 밝기가 결혼하고 나서 보니 촛불보다도 못한 겁니다. 이럴 때는 보통 결혼 전에 내가 상대방을 잘못 본 줄 알고 회의감을 가집니다. 그런데 사실 내가 잘못 본 게 아닐 수도 있습니다. 어둠이 너무 강하면 충분히 빛을 삼킬 수 있습니다.

치명적인 유혹도 이런 원리로 작동합니다. 사람들은 자신의 어두운 면과 갈등을 느끼는 부분을 건드리는 배우자를 뼛속 깊이 사랑하면서도 증오합니다. 그리고 상대방을 손에 꽉 쥐고, 상대방의 무능함을 필사적으로 비난하면서 능력을 요구합니다. 그 와중에 자신이 괴로운 건 변치 않죠. 자신이 받아들이기 어려운 부분, 즉 추잡하고 보잘것없으며 불만족스러운 부분은 전부 상대방에게 전가시킵니다. 만약 상대방이 순응에 능하면 내가 바꿀 수 있는 대상이 됩니다. 자신이 지닌 결점을 채찍질하는 건 어렵습니다. 그런데 그 결점을 상대방에게 전가할 수 있다면 채찍질하기가 한결 쉬워지죠.

이에 해당되는 경우를 한두 번 본 게 아닙니다. 결혼생활 중 실연을 당했다며 상담을 청하는 많은 여성이 처음에는 '그가 날 사랑해 주지 않아서' 힘들다고 말합니다. 그런데 나중에 돌고 돌아 우여곡절 끝에 사실 내가 그를 사랑하지 않는 게 더 큰 문제임을 발견합니다.

◀ 아이리와 샹카이의 사례 ▶

아이리는 자신의 결혼생활에 사랑이 없고 부부관계도 끊긴 지 오래라며 남편을 원망했습니다. 알맹이 없이 껍질만 남아있고, 자신이 생과부가 된 것만 같아 더 이상 이렇게 살 수 없다고 했습니다. 그녀는 이후 남편 인 샹카이와 함께 상담을 청했습니다.

샹카이: 여보, 난 아직 당신을 사랑해.

아이리: 그런 빈말은 필요 없어. 우리 사이에 남은 게 뭔데? 부부관계도 없잖아.

샹카이: 내가 다가가도 항상 당신이 피하잖아. 어젯밤에도 그랬고⋯⋯.

아이리: 어제는 술 냄새가 났잖아. 맨날 그놈의 접대.

샹카이: 그러면 지난달에는? 술도 마시지 않았는데 당신이 날 피했어.

아이리: 당신이 그때 몇 시에 들어왔는데? 하루 종일 밖에 있느라 이야 기할 시간도 없는데 무슨 사랑을 나눠?

샹카이: 그러니까 어쨌든 부부관계는 내가 아니라 당신이 원하지 않은 거라고. 그러면서 부부관계가 없어 이혼하겠다니, 도무지 왜 그러는지

이해를 못 하겠어.

아이리: 이야기할 시간조차 없으니 당연히 이해를 못 하지.

샹카이: ······.

아이리: ······.

상담사: 두 분의 대화를 들어보니 아내분은 남편이 접대 자리가 잦은 게 싫은 것 같군요?

샹카이: 그건 다른 문제예요. 부부관계는 부부관계고, 접대는 접대죠. 접대는 돈 벌려면 어쩔 수 없어요.

아이리: 돈 버는 것만 중요하지. 나랑은 밥 먹을 시간도 없으면서.

샹카이: 내가 식사 자리에 함께 갈까 물으면 매번 당신이 싫다고 하잖아.

아이리: 그 사람들이 싫으니까 그러지!

샹카이: 그 사람들이랑 일을 같이 하는데 어쩔 수 없잖아.

아이리: 당신들 나누는 이야기에 난 관심 없어.

샹카이: 그 사람들이 나한테 얼마나 많은 일감을 주는지 알아? 그렇지 않으면 그 많은 빚을 어떻게 다 갚아?

아이리: 됐어. 말하고 싶지 않아.

상담사: 빚이 많으신가요?

샹카이: 지금 저희가 살고 있는 집, 아내 부모님 앞으로 해드린 집, 그리고 아내 남동생이 구입한 자동차 앞으로 대출이 있어요.

상담사: 아내분 집에 꽤 많은 돈을 쓰고 계시는군요.

샹카이: 장인, 장모 생활비도 제가 드리고 있어요. 그런데도 왜 제가 아내를 사랑하지 않는다고 하는지 도무지 이해를 못 하겠어요.

아이리: 돈과 사랑은 별개의 문제야.

샹카이에 따르면, 그가 접대 자리에 가거나 집을 비우는 게 근본적인 문제는 아니었습니다. 기꺼이 아내와 함께 식사 자리에 갈 수도 있었으니까요. 그런데 그가 보기에는 아내가 자신과 함께 나가고 싶어 하지 않는 것 같았습니다. 그러면서 혼자 집에 있어 외롭다며 원망을 하니 이해되지 않을 수밖에요. 한편 아이리는 계속해서 남편이 자신을 사랑하지 않는다고 원망했습니다. 이에 상담사는 아이리가 어느 부분에서 그렇게 느끼는지 질문을 이어나갔습니다. 그러자 이내 문제가 모습을 드러냈습니다. 알고 보니 아이리가 함께 식사 자리에 나가지 않는 이유는 남편의 지인들이 싫어서였고, 잠자리를 함께 하지 않는 이유는 남편의 냄새가 싫어서였습니다. 그리고 남편의 코 고는 소리가 싫어서 각방을 썼습니다. 사실 그녀는 남편의 무미건조한 생각과 말도 싫었습니다. 그래서 대화도 나눌 수 없었던 겁니다.

그러면서 그녀는 친구들과 있을 때는 매우 즐거워했습니다. 사실 샹카이와 결혼하기 전에 그녀에게는 다른 남자가 있었습니다. 두 사람은 예술과 여행, 운동을 좋아했고 관심사가 같았습니다. 하지만 그 남자는 경제적으로 안정적이지 못했고, 성격도 별로였으며, 여자 관계도 복잡한 편이었죠. 결국 그녀는 모든 이가 옳다고 생각하는 그 선택을 했습니다.

저는 지금 보스턴에 있어요. 상담 도중에 갑자기 이곳으로 와버려서 한 번은 해명이 필요하다고 생각했어요. 그때 제게 그가 절 사랑하지 않는 건지, 아니면 혹시 제가 그 사람을 사랑하지 않는 건지 물으셨죠? 갑자기 머리가 하얘지더군요. 저는 매우 혼란스러웠고, 그래서 일단 전부 덮어두기로 했어요. 제 생각부터 정리하려고요. 그 후 몇 개월간은 남편과 싸우지도 않았어요. 딱히 할 말이 없었다는 표현이 더 맞겠죠. 남편은 제가 냉전을 벌이고 있다고 했지만, 저는 그저 제 자신부터 분명히 인지하기 위해 노력하고 있어요.

대충 상황이 어떻게 전개되었는지 짐작하시겠죠? 남편은 별로 탐탁지 않아 했지만 제 결정을 존중해줬어요.

저는 여기서 예술사 강좌를 들으려고 해요. 줄곧 꿈꿔왔던 거거든요. 저희 부부는 1년 후에 이혼 서류에 도장을 찍을지 말지 결정하기로 했어요. 1년이 참 긴 시간 같지만, 결혼생활을 한 5년이란 시간도 순식간에 지나 갔는걸요. 그때 가서 제 생각이 어떨지는 저도 잘 모르겠어요.

이상은 아이리가 새로운 시각으로 자신을 재탐색하기 시작한 후 상담사에게 보낸 편지 중 일부입니다.

그가 당신을 사랑하지 않는 건가요?

당신이 그를 사랑하지 않는 건가요?

그는 그 자신을 사랑하나요?

당신은 당신 자신을 사랑하나요?

이 네 가지 질문을 반복해보세요. 끊임없이 퍼즐을 맞춰가다 보면 결혼생활에 있어 진짜 문제가 뭔지 보일지도 모르니까요.

스스로를 사랑하는 법을 잊으면, 상대방도 그걸 잊습니다. 그리고 나를 사랑해주는 법을 잊은 상대방을 나도 다시 사랑할 방법이 없습니다.

상대방 역시 스스로를 사랑할 줄 모르면, 나를 어떻게 사랑해줘야 할지도 알 수 없습니다. 그러면 사랑받지 못한 당신은 더더욱 자신을 사랑하지 않게 될 겁니다.

마찬가지로, 스스로를 사랑하는 법을 모르면 상대방을 어떻게 사랑해야 할지도 알 수 없습니다. 자신이 사랑받지 않고 있다는 사실을 알면 상대방도 당신을 사랑하기가 힘들어질 겁니다.

이미 눈치 챘을지 모르겠지만, 당신의 문제는 사실 실연이 아닐 수도 있습니다.

그런데 누군가는 꼭 이렇게 묻습니다. "스스로를 제대로 인식하고 받아들이면서 상대방에게는 의지하지도, 잘못을 전가하지도, 공격을 가하지도 말라고요? 그렇다면 상대방은 무엇을 하죠?"

저도 그 부분을 생각해보았습니다만, 그런 생각을 갖고 있다면 아직 심리적 자립의 필요성에 대해 회의감을 갖고 있는 것이라고 볼 수 있습니다. 서로의 결점을 보완해줄 수 있는 반려자를 만나 애초에 자립 따위는 필요 없는 운 좋은 사람도 분명 있을 겁니다. 하지만 그런 경우는 이 책의 논의 대상이 아닙니다(애초에 논의할 필요도 없고요). 그런 사람들을 부러워하는 게 지금 무슨 소용이 있을까요? 난 그런 배우자를 만나지 못한 게 현실인걸요. 그런 자신을 용서하고, 내가 성장하는 수밖에 없다는 현실을 받아들이세요.

수년간 많은 부부와 함께 결혼을 둘러싼 수수께끼를 탐색해온 제가 내린 결론은 이렇습니다. 일단 자신의 잘못을 상대방에게 전가시키고 있는 건 아닌지 최선을 다해 인식하고, 만약 그렇다면 그런 행위를 중단해야 합니다. 그리고 자신의 욕구와 두려움, 상실감(즉, 자신이 지은 업보)을 다루는 법을 익혀야 합니다. 그것만이 결혼생활에 있어서 고통을 해소시키는 유일한 길입니다. 책임을 전가하는 행위를 중단하는 데는 수많은 노력이 필요합니다. 하지만 그렇게 해서 조금이라도 자신이 전가해온 행위를 거둬들일 수 있다면, 그리고 좀 더 심리적으로 자립할 수 있다면, 지옥 같았던 당신의 결혼생활이 크게 나아질 겁니다. 그것만으로도 배우자와 행복한 여생을 보낼 수 있게 될 겁니다.

거울 속에
답이 있어요

부부관계는 교착 상태에 빠져있고, 즐거워도 모자랄 인생은 괴롭기만 합니다. 어떤 마음가짐으로 이 고통을 이겨낼 수 있을까요?

심리학자 칼 구스타브 융은 고통을 미래지향적인 시각으로 바라봐야 한다고 봤습니다. 즉, '지금 이 문제는 내게 어떤 깨달음을 줄 수 있을까?', '나는 여기서 인생의 방향에 관한 어떤 정보를 얻을 수 있을까?'를 생각하라는 겁니다.

고통을 이겨내려면 'why'가 아닌 'for what'을 묻는 자세가 필요합니다. 즉, '왜 내가 이런 고통을 겪고 있는지'가 아니라 '이 고통은 어떤 새로운 발견을 위한 건지' 묻는 거죠.

아무것도 못할 것만 같고, 온몸이 마비되는 듯한 고통은 우리에게 자각 동기를 제공해줍니다. 고통을 계기로 우리는 이전에 미처 의식하지 못한 부분에 접근할 수 있습니다. 이는 자아를 제대로 인식하고 더 나은 방향으로 변할 수 있는 좋은 기회입니다.

융은 결혼과 개인의 심적 성장 간의 상관관계에도 주목한 바 있습니다.

그는 사람이 각종 임무가 부여되는 중년 이전까지는 이상적인 가정을 이루어나가기 위해 앞만 보고 달리다가 중년기에 접어들면서 문득 삶을 돌아보게 된다고 말했습니다. '나는 어쩌다 여기까지 온 걸까?' 하고 회의감이 든다는 거죠.

지금까지는 일만 중요한 줄 알고 살아왔다면 이제는 모든 일에 있어 가치나 의미를 더 신경 쓰고, 단체보다 개인의 존재가 더 중요해집니다. 그러면서 의식적인 목표와 무의식 간의 괴리를 발견하게 되죠. 그런 괴리는 정체를 알 수 없는 불안감을 조성하고, 불안감은 그 원인이 무의식 속에 있다 보니 오로지 투사를 통해서만 겉으로 모습을 드러냅니다. 즉, 많은 것을 배우자의 탓으로 돌리는 거죠.

서로에 대한 비난이 만연한 분위기는 개인의 의식에 있어 각성과 현실화가 시작되었음을 알립니다. 그런데 안타깝게도 대개 두 사람의 심리는 그 속도에 맞춰 성숙해지지 못합니다. 두 사람이 현재 자신들의 관계가 어떠한 내재적 과정에 위치해 있는지 이해해야 하지만, 막상 그렇게 할 수 있는 기회는 극히 드물죠.

둘 중 한 사람의 인격이 '더 복잡'하고, 다른 한쪽이 '상대적으로 단순'하다고 봅시다. 단순한 쪽에서는 복잡한 쪽을 감당하기가 힘들 겁니다. 그러면 상대방을 단순하고 종잡을 수 있는 존재로 바꾸려고 합니다. 보통의 경우, 단순한 쪽은 복잡한 쪽 뒤로 모습을 감추고, 복잡한 쪽은 단순한 쪽이 자신을 포용해주길 기대합니다.

복잡한 쪽은 비통하게도 자신이 상대방에게 맞춰 단순해지기 위해 자신의 일부를 분열시켰음을 깨닫게 됩니다. 하지만 더 이상 분열되고 싶지 않아 합니다. 그런데 상대방이 그 욕구를 충족시켜줄 수 없다는 사실을 서서히 깨닫습니다. 그래서 시선을 밖으로 돌립니다. 이제 상대방은 자신이 배우자의 마음속에 없다는 사실을 깨닫고, 어떻게든 비집고 들어가기 위해 압박합니다. 이에 이미 충분히 압박을 느끼고 있던 쪽에서는 숨이 막혀 더 도망치려 합니다.

불안한 쪽에서는 이제 다른 곳을 보고 있는 그 사람을 설득해보려 합니다. 당신은 지금 환상을 좇고 있는 거라고 말이죠. 하지만 그런 설득은 보통 통하지 않기에 불안한 쪽으로 하여금 스스로를 점검하지 않고는 못 배기게 만듭니다. 상대방에게 매달려 원인을 찾는 게 아니라 자신의 내면과 인생의 의미를 탐색하도록 하는 거죠. 만약 설득이 의외로 통했다면, 그 부부는 언젠가 터질지 모르는 폭탄에 단단히 대비를 해놓아야 할 겁니다.

두 사람 모두 고통을 견뎌낼 줄 알아야 합니다. 한쪽에서 곧 질식할 것 같아 구속받길 거부하면 다른 한쪽은 본인의 관심을 다른 곳으로 돌리는 수밖에 없습니다. 그런데 그렇게 함과 동시에 '우리 관계는 더 이상 무의미하다'는 회의감도 견뎌내야 합니다.

부부관계는 오랜 기간 경험을 축적하면서 그 사이에 몇 차례의 변화를 겪어야 합니다. 그 과정에서 직관적이고 본능적인 동거를 넘어 개인적, 심리적 차원의 관계로 발전할 수 있죠. 그런데 대부분이 첫 번째 관문에서부터 막혀 옴짝달싹 못합니다.

변화에 있어서 핵심은 책임 전가를 적당히 멈추고, 동시에 내면 세계를 풍요롭게 가꾸는 겁니다. 그리고 그에 맞춰 '내가 지금 어떤 사람과 함께 살고 있는지' 현실을 직시할 수 있어야 하죠. 또한 서서히 명확해지는 자신의 진정한 모습을 마주해야 합니다. 그건 거울을 통해서만 볼 수 있습니다.

진실을 얻기 위해 요구되는 능력이 있습니다. 바로 이미 잃은 것과 앞으로 절대 얻을 가능성이 없는 것을 놓아줄 줄 아는 겁니다.

사랑을 매개로 한 관계는 결코 간단하지 않습니다.

결혼생활 중의 시련은 자아통합에 있어 위기이자 기회입니다. 즉, 자아를 분열시키는 위기가 될 수도 있고, 반대로 그것을 기회로 삼아 자아를 성숙하게 통일 및 확립해나갈 수도 있습니다.

지혜의 여신을 맞이하기 위해 무엇부터 시작해야 할지 모르겠나요? 우선 거울을 보는 것부터 시작해보세요. 그냥 눈앞에 있는 거울 말이에요. 특별한 거울일 필요도 없습니다. 일단 그 평범한 거울로 자신을 들여다보세요.

　　나의 호흡,

　　나의 표정,

　　나의 피부,

　　나의 머리카락,

　　나의 목,

　　나의 어깨, 가슴, 배

　　나의 팔, 다리

　　나의 엉덩이, 비밀스러운 곳까지 전부요.

　　지금 내 몸은 무엇을 필요로 하고 있나요?

　　자세히 들여다보다 보면, 평범한 거울이 마음을 비추는 거울로 변할 겁니다.

　　나는 행복한가?

나는 생기가 있는가?

나는 무슨 생각을 하고 있지?

내가 원하는 건 뭐지?

내 머리는 무엇을 원하고 있지?

내 마음은 무엇을 원하고 있지?

여기서 멈추지 말고 계속 거울을 보세요. 놀랍게도 거울이 당신의 배우자까지 비춰줄 겁니다.

그가 내 몸에 어떤 흔적을 남겼지?

그가 내 눈 밑에 다크서클을 남겼나?

그가 내 입가에 팔자주름을 새겨놨나?

그가 내 피부를 푸석푸석하게 만들었나?

나는 그에 대해 알고 있나?

그는 나를 알고 있나?

나는 나를 알고 있나?

마음이 보내오는 메시지를 두 팔 벌려 맞이하세요. 그리고 그것을 소중히 대하세요.

그중 어떤 메시지는 나를 두려움에 빠뜨릴 수도 있지만, 괜찮습니다. 그것을 천천히 음미하세요. 당장 그에 반응할 필요는 없습니다.

곧 이어서 각종 모순점이 보일 겁니다.

나는 함께하길 원할까, 자유를 원할까?

나는 그와 붙어있고 싶은 걸까, 나만의 공간을 원할까?

나는 내 능력을 원할까, 그냥 기대고 싶을까?

나는 리드하고 싶을까, 따르고 싶을까?

여기까지 오느라 고생하셨습니다. 자아탐색으로 향하는 길목에 도착하신 걸 환영합니다. 그동안 당신이 결혼생활로 인해 고통을 겪은 이유는 분명 당신을 이곳으로 이끌기 위한 것이었을 겁니다. 그리고 당신 자신에 관한 수많은 비밀을 보여주기 위한 것이었을 겁니다.

누구나 사랑할 가치가 있습니다. 하지만 꼭 누가 사랑해줘야 할 필요는 없습니다.

누군가 사랑해주지 않아도 그 가치는 잃지 마세요. 늘 사랑을 꿈꾸세요.